Stefan Bischof

Astrologie mit allen Sinnen

Körperarbeit und erfahrbare Astrologie

Simon + Leutner

Die Deutsche Bibliothek - Cip-Einheitsaufnahme

Bischof, Stefan:
Astrologie mit allen Sinnen : Körperarbeit und erfahrbare Astrologie / Stefan Bischof. [Überarb.: Petra Niehaus. Zeichn.: Angelika Link] – Orig.-Ausg. – Berlin : Simon und Leutner, 1994
ISBN 3 - 922 389 - 61 - 9
NE: Niehaus, Petra [Bearb.]

Originalausgabe

Oranienstr. 24, 10999 Berlin
Überarbeitung: Petra Niehaus
Illustrationen: Angelika Link, Freiburg
Satz: Johannes Normann, Freiburg
Horoskopgrafiken erstellt mit ASTRO*SYS nach „Huber-Koch“

Druck: schwarz auf weiss, Freiburg

Inhalt

Eine andere Art, Astrologie zu lernen

Die Suche nach einer lebendigen, erfahrbaren Astrologie entstand aus einer tiefen Krise mit der traditionellen Astrologie. Ich hatte nach Jahren des astrologischen (Selbst-) Studiums viel Wissen angehäuft. In Kursen und in meiner Beratungspraxis wurde mir zunehmend unwohler, ich sah mich ebenfalls nur noch „Kopfwissen" vermitteln. Ich fühlte mich oft ganz leer, und mir wurde klar, daß ich in eine Sackgasse geraten war: Die Klienten und Schüler waren jetzt zwar genauso beeindruckt von meinem Wissen, wie ich es damals bei meinen Lehrern gewesen war, doch sie hatten überhaupt keine eigenen *Erfahrungen* mit ihrem Horoskop gemacht. Die konventionelle Art, Astrologie zu vermitteln, ist dem Frontalunterricht in der Schule vergleichbar: ein Lehrer lehrt, die Schüler konsumieren bzw. schalten nach und nach immer mehr ab, werden müde, fühlen sich überfordert. Diese „akademische" Astrologie bezieht das Gegenüber nicht wirklich mit ein.

Ich fing an, nach Möglichkeiten zu suchen, wie Klienten und Kursteilnehmer auch ohne astrologische Vorkenntnisse mit ihrem Horoskop arbeiten konnten.

Ich hatte in dieser Zeit gerade beschlossen, meine einseitige, kopflastige berufliche Tätigkeit zu beenden und sehnte mich danach, auch meine weiblichen Seiten, das Fühlen, den Körper, die Bewegung, das Zeichnen und Malen einzubeziehen. Nach längerem Suchen fand ich zur Ausbildung zum Atem- und Leibtherapeuten bei Frau Prof. Middendorf in Berlin.

Der Atem führte mich zur Erfahrung meiner selbst. Schnell merkte ich, daß ich erst jetzt begann, Astrologie wirklich zu *erfahren,* zu spüren. Ich erlebte sie mehr und mehr in mir, aus mir selbst heraus. Ein astrologisches Menschenbild begann, sich jetzt Stück für Stück in mir aufzubauen und zusammenzusetzen. Es erschien mir auf einmal so offensichtlich und einfach:

Ich bin mein Horoskop

Und wenn ich es bin, dann muß ich es auch aus mir selbst heraus spüren können. Ich ging noch weiter und sagte mir: Dann muß ich auch Astrologie aus mir selbst heraus lernen können:

aus der reinen Erfahrung des eigenen Leibes, d.h. des beseelten Körpers. Diese Hypothese ist inzwischen Wirklichkeit geworden. Erfahren und erkennen wir die astrologischen Prinzipien in uns, entdecken wir sie zudem in unserer Umwelt, im Außen.

Inzwischen haben sich viele Übungen und Lernmöglichkeiten entwickelt, Astrologie zum Erfahrungswissen zu machen: Astrologie wird völlig anders gelernt und sie wird nicht mehr nur ein diagnostisches Werkzeug, sondern therapeutisch und alltäglich hilfreich, erfahr- und einsetzbar.

Mein Ziel ist eine „einfache" Astrologie, weg von allem, was den Sinnen widerstrebt und den Kopf überfordert.

Zu diesem Buch

Dieses Buch setzt nicht unbedingt Astrologiekenntnisse voraus. Den interessierten „Laien" kann es anleiten und anregen, astrologische Erfahrungen aus sich selbst heraus zu machen. Für die psychologische Astrologin und Lehrerin ist es eine Anleitung, sich ihr Wissen neu und anders anzueignen, Astrologie zu verleiblichen, sie lebendig werden zu lassen und sie zu gestalten, also auch zum Wachstum ihrer eigenen Persönlichkeit anzuwenden. Ich weiß, dies setzt eine große Bereitschaft voraus, in sich hinein zu spüren, still zu werden und immer wieder von neuem zu versuchen, etwas von dem wahrzunehmen, was hier angeboten wird.

Wie kannst du mit diesem Buch umgehen?

Du kannst es durchlesen wie ein normales Buch, ohne die Übungen zu machen. Später wählst du dann vielleicht eine Übung, die dich angesprochen hat und führst sie aus. Dafür brauchst du genügend Zeit, also pro Übung 10–20 Minuten und einen ungestörten Ort. Ich empfehle das Üben zu zweit oder in einer Gruppe von Freundinnen: ihr könnt euch gegenseitig korrigieren, Hilfestellung geben und die gemachten Erfahrungen austauschen. Mehr als eine Stunde pro Woche würde ich zu Beginn nicht üben.

Wenn du frustriert bist, weil du in den Übungen nichts oder wenig spürst, möchte ich dich schon jetzt trösten und ermutigen.

Leg das Buch nicht gleich weg: wenig zu spüren ist zu Beginn normal. Natürlich gibt es Naturtalente, aber in der Regel müssen wir das Empfinden oder Spüren üben, so, wie wir das Schreiben oder Lesen geübt haben. Krisen, Unlust und Hindernisse gehören dazu.

Nicht vergessen möchte ich den Hinweis, daß du in den Übungen mit unbewußten Ängsten konfrontiert werden kannst. Es ist also wichtig, daß du liebevoll und vorsichtig mit dir umgehst.

Wähle also nur solche Übungen aus, bei denen du ein gutes Gefühl hast. Solltest du trotz deiner sorgfältigen Auswahl Angst bekommen oder dich unwohl fühlen, dann könnten dir folgende Hinweise helfen:

- Öffne deine Augen und orientiere dich im Raum.
- Sag zu dir selbst: „Ich bin Herrin im Hause“
- Sammle dich und geh in die Empfindung, ins Spüren.
- Bewege dich, um dich wieder zu spüren.
- Spüre den sicheren Boden, der dich trägt.

Der Übersichtlichkeit halber sind alle *Übungen in kursiver Schrift* gedruckt. Als einziges Hilfsmittel brauchst du hin und wieder einen Hocker.

Dieses Buch kann nicht vollständig sein. Es soll Anregung sein, sich selbst auf die Ebene der Symbole zu begeben. Es ist eine Momentaufnahme auf meinem eigenen Weg und soll anregen, *selbst* Möglichkeiten zu finden, wie der Kontakt zu den Archetypen hergestellt werden kann.

Auf der Ebene der Erfahrung gibt es viele klare, allgemeingültige Aussagen, aber ebenso unzählige persönliche, die alle einen Aspekt des großen Geheimnisses Leben darstellen. Nur um diese beiden Arten von unvoreingenommenen, unmittelbaren Erfahrungen geht es in diesem Buch.

Selbstverständlich ist dieses Buch an Frauen *und Männer* gerichtet. Entsprechend dem großen Interesse der Frauen an meiner Arbeit habe ich jedoch die weibliche Form der Anrede gewählt. Die Leser mögen mir verzeihen. Ich meine also mit Teilnehmerin auch Teilnehmer mit Partnerin auch Partner, mit jede auch jeder usf.

Erfahrungen von Innen

– Sammlungsfähigkeit, Achtsamkeit und Hingabe

Wie können wir uns unseren Innenraum erschließen?

Der Weg beginnt damit, daß wir uns zunächst bewußt machen, wohin unsere Aufmerksamkeit überhaupt gerichtet ist. Schnell merken wir, daß wir im Alltag in der Regel ganz auf den Außenraum abgestimmt sind. Das scheint den normalen Anforderungen des Lebens zu entsprechen. Auf unserem Weg durch dieses Buch beschreiten wir aber zunächst einmal den Weg nach Innen.

Wichtig ist die Erfahrung, daß wir unsere Aufmerksamkeit lenken können. Mache einen Versuch:

Du sitzt gelöst und aufrecht auf einem Hocker. Versuche, das Außen auszublenden. Dazu kann dir helfen, die Augen zu schließen. Außengeräusche stören dich, die Empfindungen im Innern sind noch leise und unkonturiert: Vielleicht spürst du deinen Atem, wie er ein- und ausströmt? Dein Gewicht auf den Sitzknochen, kalte Füße, warme Hände?

Sammeln in der Aufrichtung

Was empfindest DU?

Immer wieder schweifen wir nach Außen ab, aber nicht nur nach Außen, sondern auch im Innern springen wir von einer Wahrnehmung zur anderen, von einem Gedanken zum anderen. Es fällt uns noch schwer, an einem Ort zu verweilen.

Mit dieser Übung lernst du, die Aufmerksamkeit auf den Innenraum zu lenken und dort zu halten. Wir nennen dies ***Sammlungsfähigkeit.***

Vielleicht hast du dich in dieser Übung aber auch verkrampft? Du wolltest besonders gut mitbekommen, was da alles passiert und hast dich **konzentriert** *statt dich zu sammeln. Um den Unterschied zu verdeutlichen, geh in deine Übungshaltung zurück.*

Versuche, dich auf deinen Magen zu konzentrieren. Du willst ganz genau mitbekommen, ob und wie du ihn spüren kannst. Je willentlicher und genauer du es versuchst, desto mehr blendest du den restlichen Innenraum aus der Empfindung aus. Es kann sogar soweit kommen, daß dein Atem stockt. Diese Art der Aufmerksamkeit ist punktuell und einem Laserstrahl vergleichbar. Sie ist männlich.

Jetzt versuche einmal, nichts Spezielles wahrzunehmen, sondern beziehe den ganzen Innenraum wie mit einem Breitbandstrahler in deine Aufmerksamkeit ein.

Vieles kannst du jetzt gleichzeitig spüren, wenn auch nicht so deutlich. Du bist weicher, dir zugewandter. Das nennen wir sich **sammeln** *(MIDDENDORF). Dieses Sammeln besteht aus zwei Funktionen: aus wacher Achtsamkeit und aus Hingabe an das Geschehen. Sammeln ist weiblich. Wird die Achtsamkeit zu stark, so entsteht die oben beschriebene Konzentration. Wird die Hingabe zu groß, beginnen die Empfindungen zu verschwimmen, und du gleitest vielleicht in's Dämmern oder Träumen über.*

Versuche nun, in deinem Becken zwischen den beiden Polen Hingabe und Achtsamkeit hin- und herzugehen.

– Das Beckenkippen

Du sitzt auf einem Hocker. Richte das Becken langsam auf, sodaß du wie eine Königin auf einem Thron sitzt. Das aufgerichtete Becken soll die Ausgangshaltung für das Beckenkippen sein. Dann läßt du dich wieder in dein Becken hineinsinken, indem du es nach hinten, in den runden Rücken kippen läßt.

Ein zweites Mal setzt du die Aufrichtung ganz langsam an, damit du alle Empfindungen verfolgen kannst. Von der Aufrichtung aus gehst du jetzt aber mit dem Becken noch weiter nach vorne, d.h. du machst ein „hohles Kreuz". Auf diese Weise kannst du das Becken einige Male nach vorne und nach hinten kippen lassen.

Beim Beckenkippen versuchst du, Hingabe und Achtsamkeit einanander solange anzugleichen, bis du in der Kippung nach hinten nicht mehr versackst, aber auch nicht mit angespannter Muskulatur vorne im Hohlkreuz ankommst. Die gute Mitte hast du gefunden, wenn das Becken sich wie von selbst bewegt.

Nach vielem Üben wirst du merken, was für eine Wirkung die Sammlung auf alles Geschehen hat: es geht leichter und fließender, du bist gelöster, nimmst mehr wahr und bist zugleich auch lebendiger, weil nur in diesem ausgewogenen Maß von ***Hingabe und Achtsamkeit*** *(MIDDENDORF) der Atem wirklich kommen und gehen kann und die Empfindungen und Gefühle deutlicher werden.*

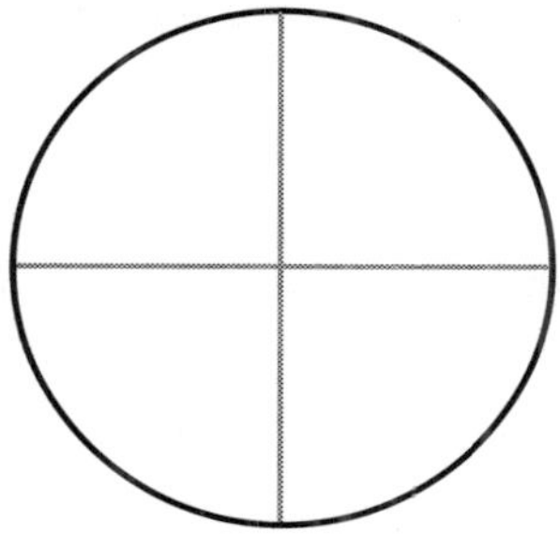

– Denken und Intuieren

Wenn wir das Modell der vier Jung'schen Bewußtseinsfunktionen des Denkens, Fühlens, Empfindens und Intuierens betrachten (analog zu den vier Elemeten Luft, Wasser, Erde und Feuer), so wird uns klar, daß Denken und Intuieren diejenigen Funktionen sind, in denen sich die Astrologie vorwiegend bewegt. Sie sind wichtig, aber sie reichen nicht aus, um uns ganz zu machen. Deswegen wende ich mich mit diesem Buch hauptsächlich den anderen beiden Funktionen zu.

– Empfinden und Fühlen

Empfinden und Fühlen sind im normalen Erleben eng miteinander verbunden. Sie werden im alltäglichen Sprachgebrauch auch nicht unterschieden. Ich möchte dies an einem Beispiel verdeutlichen.

Du schlägst dir mit der flachen Hand kräftig auf den Oberschenkel und schaust, was dann passiert.

Es prickelt und sticht am Oberschenkel und an der Hand. Das ist EMPFINDUNG.

Unmittelbar nach dieser Empfindung, bzw. fast gleichzeitig, kommt die Wertung: das ist unangenehm. Diese Wertung ist ein subjektives GEFÜHL, das mir sagt, ob ich etwas mag oder nicht.

– Empfinden als Schlüssel zum Objektiven

Als Voraussetzung für die Erfahrung astrologischer, d.h. auch archetypischer Qualitäten aus unserem Leib heraus, müssen wir lernen, Gefühl und Empfindung klar voneinander zu unterscheiden. In der reinen Empfindung werden wir der großen Geheimnisse des Lebens und der Astrologie gewahr und können an ihnen teilhaben und gesund werden. Die Empfindung ermöglicht uns eine objektive Wahrnehmung der Dinge, wie sie ihrer Natur nach sind. In dieser Art des Erlebens kommen wir also dem Archetypischen, Allgemeingültigen, dem Kollektiven aber auch dem Überpersönlichen, dem Kosmischen, wie es z.B. in den Tierkreiszeichen, Planeten, Aspekten und Häusern verschlüsselt ist, näher.

– Fühlen als Zugang zum Leben

Das Fühlen läßt uns unser Menschsein, unsere Persönlichkeit mit ihrer spezifischen Geschichte und mit ihrem Verhältnis zur Wirklichkeit unmittelbar erfahren. Wir sind im Fluß des Lebens, wenn wir uns von einer Empfindung fühlend betreffen lassen können, sodaß wir persönlich von dieser Empfindung gewandelt und u.U. auch geheilt werden können.

Erkennen im Außenraum

Haben wir nach einiger Übung die Körperräume, die Organe empfindend und fühlend erfahren (siehe Kapitel 'Der Mensch im Raum', Seite 44), sind sie durch unsere Sammlungsfähigkeit in unserem Atem Kraft und Substanz geworden, können wir in jedem Körperraum, in jedem Organ, das in ihm innewohnende astrologische Prinzip bzw. Symbol entdecken.

Dieser Weg steht grundsätzlich allen offen. Er erfordert aber viel Geduld und liebevolle Zuwendung. Er verlangt in letzter

Konsequenz, daß wir uns unserem Körper immer wieder zuwenden und nachspüren.

(Diese Achtsamkeitsarbeit wird neben dem „Erfahrbaren Atem“ von I.Middendorf v.a. durch die „Eutonie“ nach G.Alexander, „Sensory Awareness“ nach C.Selvers oder die Atemarbeit nach C.Veening gelehrt.)

Wir können die Prinzipien der so erfahrenen Astrologie dann auch im Außen wiedererkennen und uns in ihnen finden, weil sie zu einem Teil von uns geworden sind.

Wenden wir uns jetzt anhand eines Beispiels dem Außenraum zu. Dazu betrachten wir Menschen in unserer Umgebung:

Ein sitzender Mensch z.B. hat selten die Füße am Boden, sondern er berührt ihn nur mit den Zehenspitzen. Im Stehen sind seine Knie durchgedrückt, ohne daß er es bemerkt. Das heißt, daß für diesen Menschen (im Moment des Stehens oder Sitzens) die Möglichkeit der Verwurzelung und des Haltes, entsprechend dem Zeichen Krebs und dem 4.Haus, unbewußt sein müssen.

An einem anderen Ort, in der Strassenbahn, beobachten wir weiter. Dort macht sich ein Mensch auf seiner Bank so schmal wie möglich, obwohl links und rechts genügend freier Platz wäre. Sein Atem geht schnell und ist ganz klein. Er z.B. mag das Prinzip des Raumes und der Lösung (Mond), der freien Bewegung (Merkur), der Fülle (Jupiter) nur ungenügend erfahren haben.

Gestalten der Erfahrung

Aus den immer tiefer werdenden Empfindungen und Gefühlen erwächst in uns eine Körper, Seele und Geist umfassende Kraft, die ganz von alleine in die Gestaltung drängt. Das klingt etwas verschwommen, meint aber, daß z B. auf der körperlichen Ebene nach vielen Spürübungen Bewegungsimpulse entstehen, die vielleicht sogar zu einem Tanz werden können. Aus der Kraft des Atems und seiner Räume werden Töne, Gesang oder Sprache. Aus den Bewegungen der Hände enstehen Formen in Tonerde, aus denen der Arme Zeichnungen oder andere Kunstwerke. Die Lust an Spiel, Kampf und Theater kann entstehen.

In diesem kreativen Tun kann sich der Kontakt zu den astrologischen Prinzipien, d.h. zu den Tierkreiszeichen und den Planeten noch einmal vertiefen. Das bietet die Möglichkeit, einzelne astrologische Elemente, oder das ganze Horoskop, direkt umzusetzen. Außerdem können wir unser Horoskop im frei gestalteten Produkt wiedererkennen.

Übertragung in die astrologische Lehre

„Von innen her" öffnet sich ein neuer Zugang zur Astrologie. Sie wird damit zum Entwicklungsweg und zur Therapie.

Wer Astrologie theoretisch gelernt hat, kann sie nun mit eigenen Erfahrungen füllen und damit für sein persönliches Wachstum fruchtbar machen. Wer zunächst den Weg der Erfahrung gegangen ist, kann leicht die astrologische Theorie und Technologie anschließen. Andere wollen sich mit Hilfe der erfahrbaren Astrologie nur selbst kennenlernen, haben kein Interesse am astrologischen Knowhow. Astrologie haben wir jederzeit in und um uns zur Verfügung, selbst dann, wenn wir kein Horoskop berechnen, keine Deutung machen können. Früher konnten viele Menschen kein Horoskop stellen und lebten trotzdem mit und in den Gesetzen der Astrologie.

Astrologie als Weg

Astrologie als Lehre von den Archetypen

Viele Erfahrungen aus der Leibtherapie zeigen, daß die Sprache des Leibes der des Traumes eng verwandt ist.

Das Wort Leib klingt für viele seltsam. Es mag an Worte der Kirche erinnern, deren ursprüngliche Bedeutung uns nicht mehr zugänglich ist. Ich verwende das Wort Leib im Dürckheim'schen Sinn als Ausdruck für den beseelten Körper, d.h. für den Körper, den ich nicht nur habe, sondern der ich auch bin. Beseelt ist der Körper dann, wenn ich alle Teile von ihm als mir zugehörig empfinden und fühlen kann.

In der Jung'schen Psychologie ist der Traum das hervorstechende Medium, das uns den Zugang zum Unbewußten weist. Als Inhalte des kollektiven Unbewußten (JUNG) treten dort die Archetypen als grundlegende psychische Matrix auf, die für alle Menschen gilt und galt.

Die astrologischen Symbole und die im Leib – in den Körperräumen, Organen und Zentren - vorhandenen analogen Kräfte reichen ebenso in die tiefsten Schichten des kollektiven Unbewußten im Menschen. Werden sie in uns lebendig, durchdringen sie ordnend und damit heilend das Selbst bis in alle persönlichen Bereiche.

Für mich sind die astrologischen Symbole – wenn ich sie bin und nicht etwa nur gelernt habe – Archetypen. Früher fanden sie ihre Projektion in den Göttern, heute haben wir die Möglichkeit, sie in uns selbst zu finden. Wir können mit ihnen in Kontakt treten und sie uns für unsere Entwicklung nutzbar machen.

Heilung und Entwicklung durch Kontakt mit den astrologischen Prinzipien

– Ein Weg

Am Beginn steht also Selbsterfahrung: Sammeln, Empfinden, Fühlen, Atmen und Bewegen etc. Sie geschieht mit dem ganzen Leib, d.h. es werden alle astrologischen Prinzipien, Schritt für Schritt, aus uns selbst heraus erfahren. Dabei ist das Ziel Ganzheit, nicht Perfektion.

An einem Beispiel zum Symbol Krebs, bzw. dem Archetypus Mutter, möchte ich verdeutlichen, wie diese Arbeit aussieht.
12 Frauen und Männer im Alter von 28 bis 55 Jahren haben sich während eines Wochenendes zu einer astrologischen Gruppenarbeit getroffen. Einige Teilnehmerinnen haben astrologische Kenntnisse, andere überhaupt keine.

Unser Kursort ist auf dem Land. Am Morgen des ersten Tages haben wir uns einander vorgestellt, wir haben unsere Körper gelockert und gedehnt. Jetzt ist es still im Raum geworden.

– Der Beckenkreis

Wir sitzen alle auf harten Hockern und haben mit den Fingern am Po tastend unsere Sitzknochen gefunden. Zuerst zeige ich den Teilnehmerinnen, wie sie mit dem Becken über den Sitzknochen einen Kreis machen können. Dazu wiederholen wir erst das Beckenkippen (nach vorne und hinten). Dann heben wir den rechten Sitzknochen vom Hocker, lassen ihn zurücksinken. Das gleiche machen wir mit dem linken Sitzknochen. Nach ein paar Minuten zeige ich der Gruppe, wie diese beiden Bewegungen zu einem Beckenkreis zusammengesetzt werden können: Ich kippe das Becken nach hinten. Von dort aus kippe ich es nach links bis zur Aufrichtung, dann weiter, bis das Becken wieder auf beiden Sitzknochen ganz nach vorne gekippt ist. Von dort aus kippe ich es nach rechts über die Mitte, bis ich hinten wieder auf beiden Sitzknochen ankomme usw.

Der Beckenkreis

Jetzt versucht es jede für sich. Wenn die Teilnehmerinnen ihren Atem anhalten, fordere ich sie auf, ihn wieder loszulassen. Jede kann sich soviel Zeit nehmen, wie sie braucht. Auch die Drehrichtung des Beckenkreises kann geändert werden. Nach der Übung spüren alle nach. Wir bemerken die Veränderungen und genießen den neuen Zustand, tauschen uns später darüber aus.

Verschiedene Empfindungen kommen:

- Ich spüre mein Becken als Raum, weich, weit und doch tragend, bergend. Ich bin ganz ruhig geworden.
- mein Becken ist ganz verspannt, im Kreuz tut es weh, und es ist mir unangenehm. Ich bin unruhig, möchte wegrennen.
- Ich habe den Beckenraum weit und tragend gespürt. Das hat mich aber nicht berührt. Ich frage mich, was der Sinn der Übung sein könnte.

Im *ersten Schritt* erfahren wir uns also *in der Art des Kontaktes* zum gewählten Körperraum. Jeder Körperraum entspricht einem astrologischen Prinzip, d.h. einem Tierkreiszeichen oder einem Planenten, hier dem Krebs oder Mond. Wir können aus den drei Erfahrungsbeispielen folgendes entnehmen:

Diese erste Teilnehmerin konnte in ihr Becken eintauchen, sie konnte es „sein". Sie identifizierte sich mit dem Prinzip Becken = Krebs/Mond.

Die zweite Teilnehmerin machte deutlich, daß ihr der Zugang verstellt ist. Sie lehnt das Prinzip unbewußt ab.

Die Antwort der dritten Teilnehmerin zeigt, daß sie distanziert betrachtend draußen bleibt. Sie hat eine Empfindung, doch das Gefühl zu ihrem Erleben ist ihr unbewußt.

Es gibt natürlich noch viele andere Formen des Erlebens. Man könnte z.B. gleichgültig reagieren oder gar nichts spüren. Oft wird uns erst durch häufiges Wiederholen der Übungen unsere körperliche Empfindung bewußt.

Im *zweiten Schritt* wiederholen und verstärken wir den Kontakt (zum Becken). Es kommt uns nun auf die Veränderung der *Qualität* des Kontaktes an. Das heißt, wir erleben die allgemeinen Empfindungen des Beckens noch tiefer, noch klarer. Wir kommen dem Prinzip „Becken" näher. Wir lassen nun das erfahrene Prinzip in uns so stark werden, bis es gestaltet werden will.

Der Weg

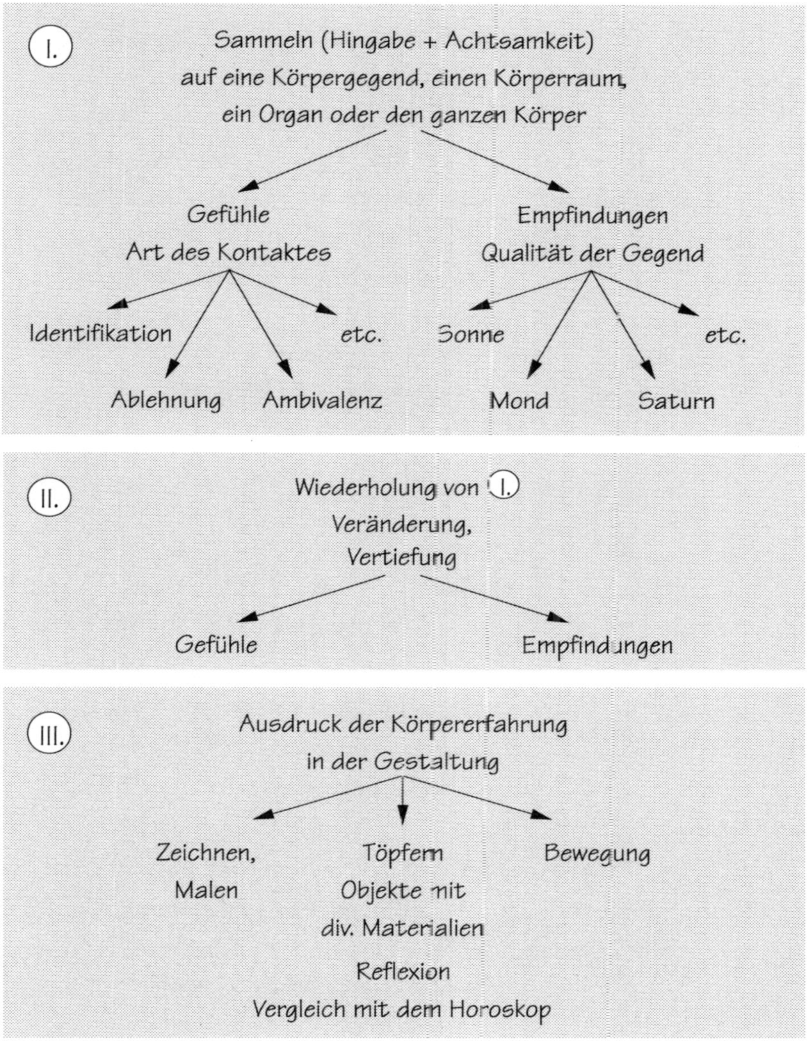
I.
Sammeln (Hingabe + Achtsamkeit)
auf eine Körpergegend, einen Körperraum,
ein Organ oder den ganzen Körper
Gefühle
Art des Kontaktes
Empfindungen
Qualität der Gegend
Identifikation
Ablehnung
Ambivalenz
etc.
Sonne
Mond
Saturn
etc.
II.
Wiederholung von I.
Veränderung,
Vertiefung
Gefühle
Empfindungen
III.
Ausdruck der Körpererfahrung
in der Gestaltung
Zeichnen,
Malen
Töpfern
Objekte mit
div. Materialien
Bewegung
Reflexion
Vergleich mit dem Horoskop

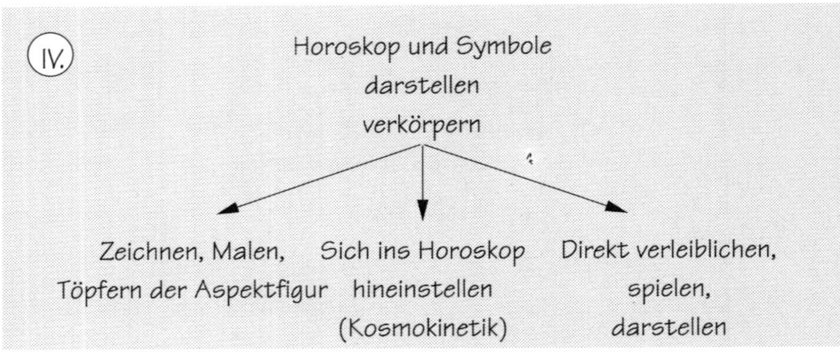
IV.
Horoskop und Symbole
darstellen
verkörpern
Zeichnen, Malen,
Töpfern der Aspektfigur
Sich ins Horoskop
hineinstellen
(Kosmokinetik)
Direkt verleiblichen,
spielen,
darstellen

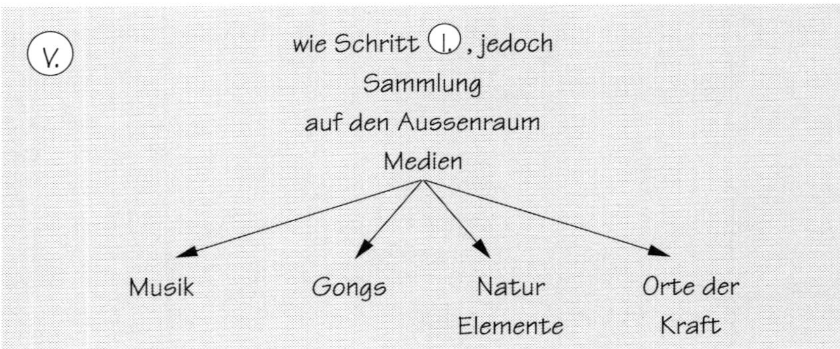
V.
wie Schritt I., jedoch
Sammlung
auf den Aussenraum
Medien
Musik
Gongs
Natur
Elemente
Orte der
Kraft

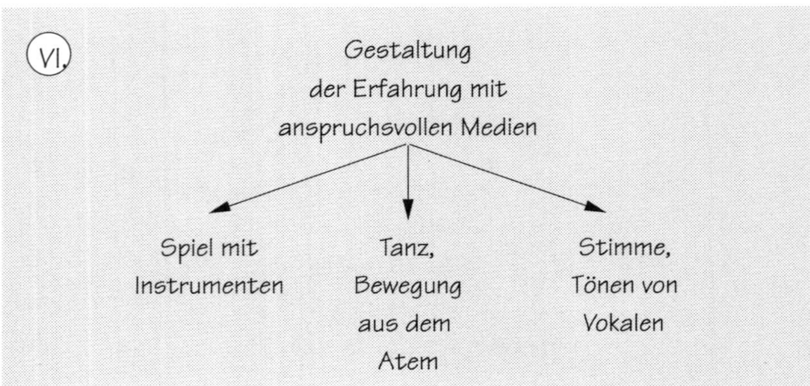
VI.
Gestaltung
der Erfahrung mit
anspruchsvollen Medien
Spiel mit
Instrumenten
Tanz,
Bewegung
aus dem
Atem
Stimme,
Tönen von
Vokalen

Im *dritten Schritt* gestalten wir das Erlebte mit einem Medium unserer Wahl. Wir gehen aus dem Erleben direkt in die Gestaltung. Wir überlassen es z.B. völlig unseren Armen und Händen, was sie auf dem Papier tun wollen.

Das so Geschaffene gibt uns die Möglichkeit, das Neue, das in uns angeklungen ist, anzuschauen. Wir besprechen es mit einem anderen Menschen oder in einer Kleingruppe. So erhalten wir Rückmeldungen und werden in unserem Produkt gespiegelt. Je nachdem, wie weit wir auf dem astrologischen Weg sind, haben wir bereits während des Prozesses spontane Übereinstimmungen zum Horoskop erlebt. Spätestens jetzt nehmen wir das Geburtshoroskop dazu, finden uns darin wieder und sind darüberhinaus dem allgemeingültigen Prinzip nähergekommen.

Im *vierten Schritt* nehmen wir das Geburtshoroskop oder einzelne Symbole (Tierkreiszeichen, Planeten, Aspekte) und verkörpern sie mit Hilfe verschiedener Techniken.

Hier schließt sich der Weg – wie in einer doppelten Spirale – und wir sind in einem *fünften Schritt* wieder beim ersten angelangt, der Erfahrung von allgemeingültigen Prinzipien, nun jedoch auch in der *Außenwelt.*

Damit ergibt sich die Möglichkeit, durch viele weitere Medien, wie z.B. Musik, Gongs, Naturelemente, mit denen ihnen innewohnenden Prinzipien in Kontakt zu kommen: Um sie zu erfahren, wählen wir ganz bestimmte „Orte der Kraft" und/oder die Form des Rituals.

Daraus erwächst in einem *sechsten Schritt* die Gestaltung des Erlebten mit anspruchsvolleren Ausdrucksmitteln wie z.B. Tanzen, Singen, Spielen mit Instrumenten, Astrodrama etc.

Zwei Ebenen können so bewußt werden, sich durchdringen und auseinander hervorgehen, die *personale* Ebene, das persönliche Horoskop, unsere individuellen Anlagen, Konflikte etc. und die *transpersonale* Ebene der Archetypen, Symbole – die spirituelle Ebene.

Selbstverständlich ist die Reihenfolge der aufgezeigten Schritte nicht festgelegt. Sie haben sich öfter so ergeben und können Richtschnur sein. Die Reihenfolge von Innen nach Außen, die Gründung im Leib ist jedoch bewußt gewählt. Dieser Weg orientiert sich am organischen Wachstum aus der eigenen Tiefe.

– Die Bewußtwerdung im Kraftfeld der astrologischen Symbole und ihrer Archetypen

Im Sinne Jung's gehören die Archetypen zu den Inhalten des Unbewußten. Wir finden also etwas wieder, das bereits in uns angelegt ist. Wir dürfen dies durchaus wörtlich nehmen. In „Der Mensch und seine Symbole" beschreibt Jung: „Jemand, der zerstreut oder geistesabwesend ist, geht durch ein Zimmer, um etwas zu holen. Er bleibt plötzlich stehen, scheinbar bestürzt; er hat vergessen, was er holen wollte. Seine Hände greifen wie schlafwandlerisch zwischen den Gegenständen auf dem Tisch umher; er hat seine ursprüngliche Absicht vergessen, aber unbewußt wird er von ihr geführt. Dann fällt ihm auf einmal wieder ein, was er vorhatte."

Genau um dieses „Sich schlafwandlerisch führen lassen" geht es beim Zugang zu den persönlichen und kollektiven Symbolkräften. Es scheint sich ein heilendes *Kraftfeld* zwischen Bewußtem und Unbewußtem einzustellen, in das wir uns mit der entsprechenden Haltung hineinbegeben können. In diesem Kraftfeld können wir uns durch den Brennpunkt unseres Selbst mit den Tiefen der kollektiven archetypischen, astrologischen Symbolkräfte, also mit unserem Seinsgrund, wieder verbinden. Wobei mit dem Selbst unsere ureigene, von Moment zu Moment wechselnde Art des Zugangs zur Tiefe der Dinge gemeint ist.

In diesem Buch geht es also darum, möglichst viele Hilfen zu bieten, zu diesem Kraftfeld zu gelangen, es zu vergrößern und zu stärken. Wir tauchen immer wieder hinein, um von unseren Tiefenschichten geführt und genährt zu werden. Dies geschieht dadurch, daß wir einerseits den Kontakt zu den kollektiven, also allgemeingültigen Symbolen des Urtierkreises und andererseits gleichzeitig den Kontakt zu uns selbst, zum persönlichen Geburtshoroskop, intensivieren.

Anders gesagt: alle Archetypen, die in den astrologischen Symbolen umschrieben sind, gehören zu uns als vollständige (nicht als vollkommene) Menschen. Sie sind in uns, einmal auf der Ebene des kollektiven Unbewußten (Urtierkreis), einmal auf der persönlichen Ebene unseres Geburtshoroskops.

– In den Brunnen hineinsteigen

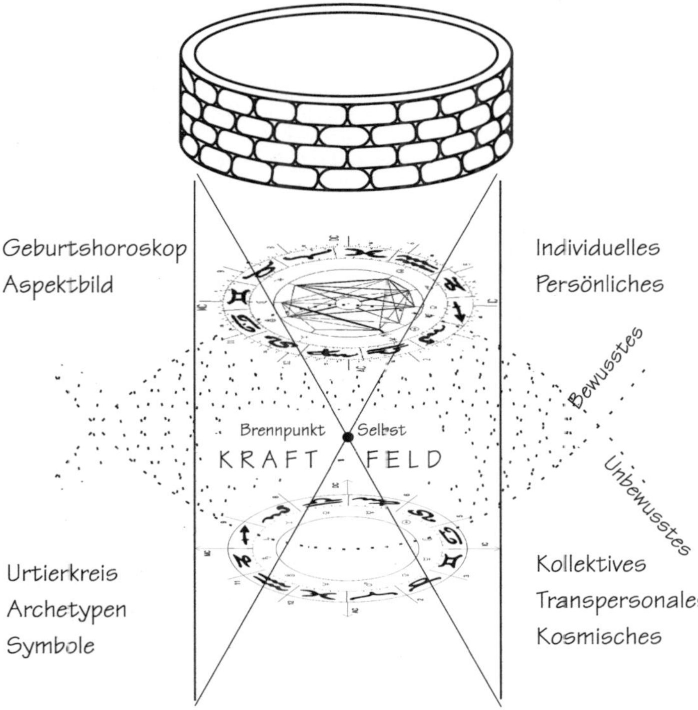

In einem poetischen Bild könnten wir das soeben Skizzierte mit einem runden Brunnen vergleichen, in den wir Stufe um Stufe hineinsteigen können: Etwas unterhalb des Wasserspiegels des Bewußten begegnen wir der Ebene unseres Geburtshoroskops. Noch tiefer, irgendwo in der Mitte zwischen dem Bewußten und dem Unbewußten, gibt es einen Brennpunkt, leuchtend wie ein Diamant, der in diesem Bild das Selbst verkörpert. Weiter unten, es ist dort bereits dunkler, auf der Ebene des kollektiven Unbewußten, begegnen wir dem Urtierkreis.

Im Folgenden können wir mit unserer Eigenart (Geburtshoroskop) zu den Archetypen, die in den astrologischen Symbolen enthalten sind, bewußt hinabblicken, bzw. zu ihrer Tiefe vordringen. Umgekehrt scheinen oder wirken die Ursymbole durch die Archetypen immer wieder unbewußt in uns hinein, durch uns hindurch.

Der therapeutische Umgang mit Hindernissen

Auf allen Stufen, bei allen Schritten dieses Weges treten Hindernisse auf. Bei allen Arten des Kontaktes zu den Archetypen können neurotische Muster und Übertragungsphänomene (der realen Situation unangepaßtes, konflikthaftes Verhalten) auftauchen. Dazu wieder ein Beispiel aus einem Seminar:

Es ist der 3.Tag. Wir haben uns intensiv mit dem Sonne-Prinzip befaßt, es aus uns heraus mit einigen Atem- und Spürübungen im mittleren Körperraum empfunden und uns bewußt gemacht. (Sonne: Mitte, Selbstbewußtsein) Eine erste gestaltende Arbeit, in der die Teilnehmerinnen ihre Erfahrungen gezeichnet haben, liegt bereits hinter uns. Nun sind alle bereit, dem Sonnenprinzip auch durch einen bereits im Raum stehenden, speziell von mir ausgewählten 96 cm großen Paiste-Gong zu begegenen. Der Gong ist an einem Gestell etwa in Höhe der Körpermitte, des Solar plexus, aufgehängt. (Siehe auch Kapitel 'Musik und Ritual', Seite 145). Die ganze Gruppe verteilt sich im ca. 60 m^2 großen Raum. Jede sucht den Platz aus, an dem sie den Klang des Gongs empfangen möchte. Jede versucht auch zu spüren, mit welcher Körperseite und in welcher Stellung sie dem Gong begegnen will. Die einen stehen dem Gong zugewandt, andere stehen mit dem Rücken zu ihm, einige legen sich auf den Boden. Nachdem alle bereit sind, spiele ich den Gong mit dem Schläger leise an, lasse ihn behutsam zu einigen seiner Klangbilder aufgehen und zum Schluß sanft ausklingen.

Nach einiger Zeit des Nachspürens berichtet eine Teilnehmerin: „Ich fand den Gong schrecklich. Ich wäre am liebsten weggerannt, doch irgendetwas hielt mich gefangen, ich war magisch angezogen, blieb wie angewurzelt stehen. Jetzt merke ich, wie sich ein Knoten in meinem Sonnengeflecht bildet, von da aus zieht sich die ganze Speiseröhre bis in die Kehle zusammen. Ich bin voller Trauer und Schmerz, aber es kommt kein Ton, ich kann auch nicht weinen. Ich bin ganz durcheinander, weiß aber nicht, was das für mich bedeuten soll."

Ich frage sie, ob sie den Kontakt zum Prinzip Sonne in einer Einzelarbeit intensivieren möchte, um herauszufinden, was sie so erschreckt. Sie überlegt und bejaht. Auch die Gruppe ist einverstanden. Wir bereiten uns vor, indem wir noch einmal das Mond- und Saturnprinzip in uns wecken, d.h. wir erarbeiten uns einen guten Stand und verankern uns im Becken. Das dauert ca. 10 Minuten. Dann biete ich ihr den Gongschläger an, damit sie selbst die Art und Weise des Kontakts zum Gong bestimmen kann. Sie sammelt sich und holt zu einem gewaltigen Schlag aus. Es ist wie ein Donnerschlag, der uns durch Mark und Bein geht. Sie selber zuckt vor der gespiegelten Gewalt und Kraft zurück, dann wird sie von einem gewaltigen Weinkrampf geschüttelt, der Minuten dauert. Die anderen Teilnehmerinnen halten sie, damit sie sich nicht verliert. Als die Erregung abebbt, findet sie Worte für ihr Erleben:

„In dem Augenblick, als ich mit dem Schlegel den Gong anschlug, stand mein Vater vor mir. Plötzlich war ich eine kleines Mädchen, und ich sehnte mich nach ihm und war wütend auf ihn. Diese uralten Gefühle konnten in eine riesige Trauer hineinfließen, die mich plötzlich überkam. Alles floß. Ich spürte mehr und mehr, wie ich ihn geliebt und wie lange ich vergeblich um ihn geworben und gekämpft habe."

Hier wird die Entsprechung des astrologischen Prinzips Sonne mit unserer Vatererfahrung und unserem Vaterbild deutlich.

Die Teilnehmerin spürte die in der Kindheit nicht ausgedrückten Gefühle als blockierte Energie im Sonnengeflecht, in Speiseröhre und Kehle. Sie konnte den Konflikt nur in ihrem Körper austragen. Für ein Kind sind Aggression und Sehnsucht nach Nähe noch unvereinbar.

Das Übertragungsphänomen auf den Gong war offensichtlich: Die Teilnehmerin nahm nicht das väterliche Sonnen-Prinzip, das dieser spezielle Gong verkörpert, wahr, sondern der Gong erschien ihr als der übermächtige Vater von früher. So Gestalt geworden, konnte sie das Unerledigte mit ihrem Vater wieder bewußt erleben und an sich heran lassen.

Später, in einer weiteren Arbeit mit dem Gong trat der Vater nicht mehr auf, sondern die Teilnehmerin konnte nun zum ersten Mal wirklich mitschwingen und in ihren Körperresonanzen die eigene Sonne entdecken. Der Weg zum Prinzip Sonne war jetzt für sie gebahnt.

Ganz ähnlich ging es einer Frau bei einem 10-tägigen Kurs draußen in der Natur. Den ersten Kontakt mit dem Sonnengong beschreibt sie so: „Du hast mich fast in die Knie gezwungen, ich hatte Mühe, mich aufrecht zu halten, weil meine Beine so gezittert haben.“ Nach einem weiteren auseinandersetzungsreichen Tag in der griechischen Sommersonne erfährt sie die Sonne durch den Gong vollkommen neu: „Du bist sanft, warm und wohltuend.“

Der Körper und die Astrologie

In den folgenden Kapiteln skizziere ich einen Weg, der uns Teile der astrologischen Symbolik aus unserem Körper heraus erfahren läßt. Dieser Weg bietet die Möglichkeit, den astrologischen Archetypen näherzukommen, sie nicht nur zu haben, sondern sie ein Stück weit zu verkörpern, zu sein. Das braucht Zeit und wirkliches Sich-Einlassen. Der Lohn dafür kann sein, daß wir wieder ein Stück vollständiger und „runder" werden. In diesem Teil geht es um das Empfinden der allgemeinen, astrologischen Prinzipien.

Ich schlage vor, lieber intuitiv Übungen herauszugreifen, als alle der Reihe nach durchzuarbeiten, bzw. durchzulesen!

Die Planeten-Symbole

Die Sprache der Bewegung

In meinem Studium des Atems und der Bewegung tauchten in den vom Atem getragenen, also nicht willentlich gemachten Bewegungen die ursprünglichen Bewegungsmuster, oder grundlegenden Formen, wie Spirale, Kreis, Halbkreis, Linie und Kreuz immer wieder auf. Diese Entdeckung, die ein Bewegungstherapeut oder Tänzer normalerweise im Laufe von Jahren während seines Studiums macht, können wir uns zunutze machen. Wir können ganz gezielt eine Art Entwicklungsgeschichte der Bewegung und damit der ursprünglichen Formen und der daraus entstandenen astrologischen Symbolik nachvollziehen. Wesentlich bei dieser Vorgehensweise ist, daß wir dies ganz aus uns heraus tun. Wir brauchen keine Symbollexika, nichts von außen. Wir wenden uns an unsere Tiefenschichten. In uns ist ein ungehobener Schatz, der entdeckt werden will.

Nimm ein großes, weißes Blatt Papier und mache dir bewußt, daß das Blatt leer ist. Du vollziehst nun eine Art kleiner „Schöpfungsgeschichte" nach. Warte, bis sich in dir Spannung aufbaut, bis dir langweilig wird, bis du etwas tun willst. Halte das noch einen

Moment lang aus. Du stehst am Anfang, möchtest etwas aus dem Nichts, das dem Urzustand noch am Nächsten ist, schaffen. Wie stellst du das auf dem Papier dar?

Laß deinen Arm mit einem Fettstift ein „Fastnichts", ein kleinstes „Etwas" machen.

1. Es entsteht ein Punkt.

Setz dann deinen Stift auf den Punkt und laß deine Energie durch den Arm in den Stift hineinfließen. Du willst dich ausdehnen, ohne dabei den Kontakt zum Anfang, deinem Ursprung, dem Punkt und der mit ihm verbundenen schöpferischen Ungeduld und Unruhe zu verlieren. Laß den Arm sich bewegen, und laß dir Zeit, bis eine eindeutige Form entsteht:

2. Der Kreis

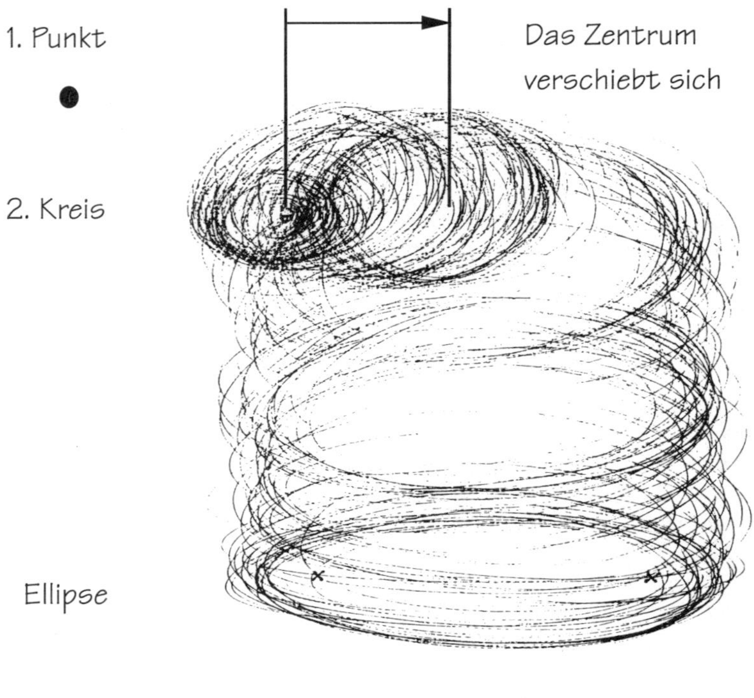

Laß jetzt den Kreis langsam größer werden. Zunächst entsteht ein konzentrischer Kreis. Je mehr Energie du durch den Arm fließen läßt, desto schneller wirst du das Zentrum verlassen. Es drängt dich in der gleichförmigen Bewegung in eine Richtung. Dabei bewegst du dich mit dem ganzen Kreis mit, denn nur im Kreis kannst du ganz sein. So entsteht eine Spirale, das Symbol für Entwicklung!

Bald reicht dem stärker werdenden Impuls die Form des Kreises nicht mehr aus, es bildet sich eine Ellipse, die flacher und flacher wird. Sie erhält eine bestimmte Richtung. Laß jetzt die Richtung noch deutlicher werden. Die Ellipse verflacht sich, wird später von alleine zur Geraden, zu einer Linie.

3. Die Linie.

3. Linie

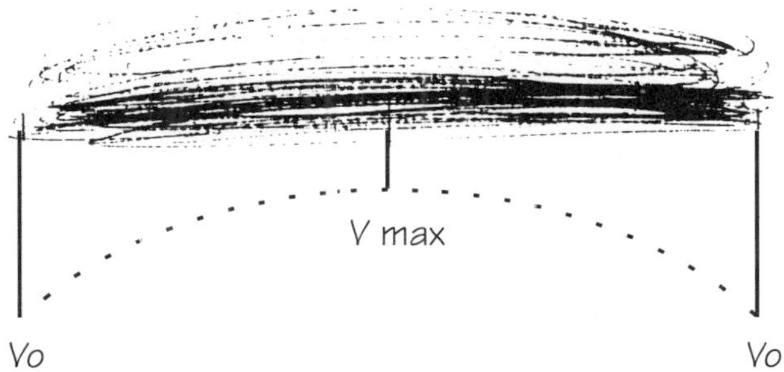

Bleibe in Bewegung. Durch die linke und rechte Begrenzung ist aus der gleichförmigen Bewegung eine dynamische geworden. Einmal ist die Geschwindigkeit an der linken Seite Null, steigt bis auf das Maximum in der Mitte des Striches und sinkt wieder auf Null, wenn du an der rechten Begrenzung angekommen bist. Laß den Stift dich weiter führen. Bald wird sich dein Strich nach oben oder unten wieder runden. Verstärke das, auch wenn es dir nicht so leicht fällt, nimm dir mehr Platz auf dem Blatt. Deine Bewegung wird rhythmisch! Du pendelst hin und her wie eine Schiffschaukel. Bald wird die neue Form deutlicher:

4. Der Halbkreis

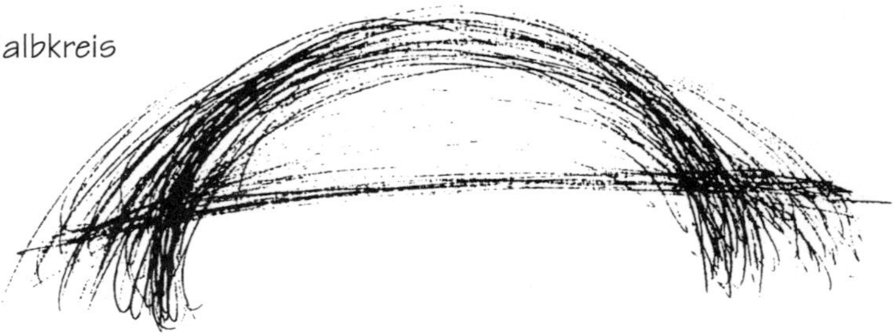

Außer der Entwicklung von der Ellipse zur Linie, gibt es noch eine weitere Möglichkeit.
Beginne also noch einmal mit dem Kreisen in einer flachen Ellipse. Nach einer Zeit dreht sich die Ellipse um einen Mittelpunkt, will ihre Umlaufbahn aber weiter ändern. Es entstehen mehrere Ellipsen. Sie erinnern an ein Planetensystem oder an ein Atom. Jetzt läßt du die beiden entgegengesetzten Umlaufbahnen deutlich werden, indem du mit einem plötzlichen Impuls von der einen zur anderen wechselst. Es ist fast wie ein Hüpfen und braucht etwas Mut. Für den Wechsel stehen dir vier Verbindungen zur Verfügung. Versuche, ob dir alle vier möglich sind! Noch ein Tip: mit dem Kopf schaffst du es nie! Jetzt läßt du auf diese Weise die beiden Ellipsen flacher werden, du siehst es bald:

5. Das Kreuz.

Als Nebenprodukt des Kreuzes bilden die Verbindungslinien ein Quadrat. (Wir werden uns im Kapitel über die Aspekte näher mit ihm beschäftigen. Siehe Seite 86)

Alle Planeten-Symbole der Astrologie sind aus diesen Zeichen zusammengesetzt, bzw. entstanden. Zur Vertiefung dieses Themas empfehle ich das Buch von GERTRUD SCHÜMANN: „Die Atemschriftzeichen". Zu dieser Art der Atem- und Bewegungs-Schriftzeichen zitiere ich die beiden Atem- und Sprechlehrerinnen C.Schlaffhorst und H.Andersen:

5.

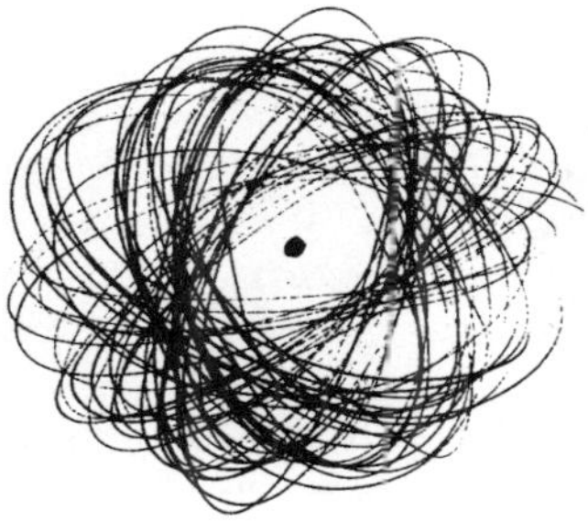

Die Ellipse dreht sich um einen Mittelpunkt

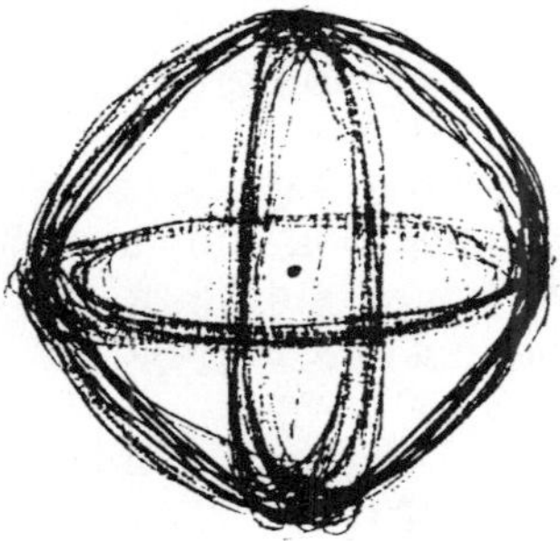

Mit Impuls in die entgegengesetzt liegende Ellipse

Kreuz und Quadrat

„Aus dem Pulsschlag des Herzens und dem Rhythmus der Atmung entstanden, wurden sie Bild gewordene Schriftzeichen der sich äußernden (Ur-)Natur in uns."

Der Kreis

Die folgenden Übungen sollten nur unter kompetenter Leitung gemacht werden!
Ein weiterer Bericht aus einer Gruppenarbeit:

Wir intensivieren den Kontakt zum Kreis, um ihn noch deutlicher aus uns heraus zu spüren, uns ihm ganz anzuvertrauen und zu schauen, was er mit uns macht.

– Den Kreis abschreiten

Wir bewegen uns im Gänsemarsch auf einer Kreislinie. Nach ca. 5 Minuten wechseln wir die Richtung. Wir nehmen uns so lange Zeit, bis der Kreis beginnt, seine Wirkung auf uns zu zeigen, dies kann 10–20 Minuten dauern. Je länger wir es aushalten können, desto deutlicher werden unsere Empfindungen und Gefühle.

Astrid: „Mir wurde es schnell langweilig, ich wollte raus, kam mir wie gefangen vor. Immer wieder der Konflikt mit dem Schritt. Sollte ich so gehen wie die Vorderfrau, oder meinem eigenen Rhythmus folgen. Den eigenen mußte ich aufgeben, das war mir zu anstrengend. Ich bin immer wieder der Vorderfrau auf die Fersen getreten."

Peter: „Ganz spontan dachte ich an den Spaziergang der Gefangenen im Gefängnishof. Ich konnte es kaum aushalten. Irgendwie verstand ich nicht, warum niemand auf die Idee kam, mit einem anderen zu sprechen. Das hat mich geängstigt, ich hab mich noch einsamer gefühlt."

Kathrin: „Ich habe die Gleichform so richtig genossen. Ich geriet in eine Art meditativen Zustand. Ich fühlte mich ständig auf die Kreismitte bezogen, zentriert. Das hätte noch ewig weitergehen können. Vielleicht wäre ich irgendwann eingeschlafen, wenn die Beine nicht vorher müde geworden wären."

– Aus dem Kreis heraus

Da der Impuls, aus dem Kreis heraus zu wollen, bei fast allen irgendwann ganz stark wird, schlage ich vor, daß jede die Gelegenheit erhalten sollte, aus dem Kreis heraus und wieder in ihn hinein zu kommen und mit beiden Möglichkeiten zu spielen.

Anne: „Schon bald hielt ich es nicht mehr aus und verließ den Kreis. Doch mit dem Verlassen wurde ich unsicher. Wohin sollte ich? Ich begann zu suchen, meinen Platz im Verhältnis zum Kreis zu finden. Verzweiflung stieg in mir hoch. Ich hielt aber aus, obwohl mir nicht wohl war dabei. Der Blick auf den geschlossenen Kreis machte mir Angst. Wo sollte ich wieder hinein? Was würde wohl passieren, wenn mich die anderen nicht hineinließen? Ich trat die Flucht nach vorn an und quetschte mich einfach irgendwo hinein. Einen Moment lang war ich richtig erleichtert, wieder drin zu sein."

Kathrin: „Ich ging ganz lange gar nicht hinaus. Dann versuchte ich es. Ein wenig draußen, ging ich gleich wieder zurück. Beim zweiten Anlauf begann ich, Spaß zu haben, umkreiste den Kreis, kokettierte mit einigen, begann stolz zu sein, hatte Lust, die anderen neidisch zu machen, daß ich draußen war. Ich probierte, den Abstand zum Kreis spielerisch zu erforschen. Zum Abschluß entstand sogar ein Tanz um den Kreis. Ich wollte nicht mehr zurück!"

Bevor die Teilnehmerinnen ihre Erfahrungen austauschen, weise ich sie immer auf den Unterschied hin zwischen dem Objektiven, d.h. den Empfindungen und dem Persönlichen, d.h. den Gefühlen, die die Symbole in uns anklingen lassen.

Wir fanden als objektive Eigenschaften des Kreises:

Ewige, gleichförmige Bewegung in eine Richtung. Der Kreis hat seine Spannung von der Peripherie zum Zentrum und umgekehrt. Dies finden wir auch im Kreislauf des Blutes, aufrechterhalten vom Herzen. Der Kreis ist beständig. Er stärkt, zentriert auf die Mitte, faßt zusammen, umfaßt, schließt ein, weitet und breitet sich aus. Er macht gleich. Er ist vollkommen, ganz.

– *Um sich selbst kreisen*

In der nächsten Sequenz drehen wir uns um uns selbst, kreisen um die eigene Mitte. Zunächst widmen wir uns unseren Füßen, wir kneten sie, streicheln sie und lösen die Fußgelenke. So finden wir Kontakt zum Boden und verankern uns.

Wer sich dreht, bekommt zwei Helferinnen. Sie stellen sich ihr zur Seite, haben die Aufgabe, die sich Drehende aufzufangen, falls sie das Gleichgewicht verliert.

Jede Drehrichtung ist erlaubt. Manche nehmen die Arme hoch, sie können das Gleichgewicht so besser halten. Wenn eine spürt, daß ihr schwindelig wird, öffnet sie die Augen und dreht langsamer.

Gerhard: „Zuerst kämpfte ich mit der Dreh-Technik. Die Füße kamen durcheinander. Bald jedoch machten sie es wie von alleine. Es drehte sich, und ich drehte mich gleichzeitig. Ein Hochgefühl durchflutete mich für kurze Zeit. Plötzlich wurde das Drehen stärker als ich, wie ein Sog. Es war, als ob ich mich bald auflösen würde. Mit einem letzten Impuls gelang es mir, das Drehen anzuhalten. Ich bin fast zu weit gegangen."

An diese Übung ist mit Vorsicht heranzugehen. Manche Menschen mit schwachem Kreislauf fallen dabei plötzlich in eine kurze Ohnmacht. Das kann auch passieren, wenn wir zu schnell drehen. Die Aussage von Gerhard ist ein Beispiel dafür, was geschieht, wenn ein Prinzip, hier das des Kreises (und damit auch der Sonne), stärker wird als wir selbst. Wir können es dann noch nicht erfahren, sondern müssen es erleiden und gehen gewissermaßen unter.

Der Kreis kann also verschlingen. Auf der anderen Seite gibt er aber auch gerade dadurch die Möglichkeit, transpersonale, bewußtseinserweiternde Erfahrungen zu machen. Voller Glücksgefühl wird die Einheit mit dem Kosmos erlebt, wie es von den Dreh-Tänzen der Sufis bekannt ist.

Der Halbkreis

Der Halbkreis hat sich, wie wir in der vorhergehenden Zeichen-Übung erfahren haben, aus dem Kreis entwickelt. Wenn sich z.B. im Kreis (Uterus, Zelle, Ei, Samenkorn) die neue Frucht oder der Trieb entwickelt und schließlich hinausdrängt, dann bleiben mit den beiden Eihälften zwei Halbkreise zurück.

Damit du das Symbol Halbkreis besser kennenlernst, hier die folgende Übung, die du gut alleine machen kannst.

– Der Pendelschwung

Du stellst dich hin, deine Füße stehen schulterbreit. Zuerst läßt du deinen Oberkörper vornüber hängen. Die Arme sollen rechts und links von deinen Beinen frei schwingen können. Jetzt beginnst du, aus den Knien heraus zu federn und läßt mit dieser Bewegung deine Arme pendeln. Verstärke die Bewegung so, daß der ganze Oberkörper soweit mitpendelt wie möglich. Deine Hände beschreiben dann einen Halbkreis von hinten nach vorne. Laß bei der Übung den Kopf hängen und den Atem frei fließen.

Anna: „Meine Kniegelenke wollten zuerst nicht nachgeben. Die Bewegung blieb auch später abgehackt, floß nicht. Ich glaube, ich halte mein Becken fest."

Edith: „Mir fiel es schwer, in den Umkehrpunkten vorne und hinten loszulassen. Irgendetwas hemmt mich dort. Es ist, als ob ich auf dem Sprungbrett stehen würde und den Absprung nicht finde."

Josef: „Es ist zum Verzweifeln, ich konnte meine Arme nicht loslassen. Ich glaube, ich führte sie die ganze Zeit. Es war so anstrengend, daß ich aufgab."

Jürg: „Ich erinnerte mich sofort an den Jahrmarkt. Dort ging ich immer auf die Schiffschaukel. Genauso fühlte ich mich: Im Schwung nach unten drückte es meine Beine richtig in den Boden. Fast wie von alleine ließ ich mich dann nach vorne hochtragen. Einen kurzen Moment hob ich fast ab, bevor es wieder nach unten ging. Ich glaube, ich war Halbkreis, war schwingendes Pendel, war Rhythmus, und jetzt fühle ich mich richtig wach und warm.“

Versuche, selbst zu pendeln! Trage deine eigenen Eindrücke vom Halbkreis zusammen.

Nachfolgend ein Bericht aus einer Gruppenarbeit, in der es mir darum ging, die Symbole direkt zu verkörpern, um dann mit ihnen in Form eines Rituals Erfahrungen zu sammeln.

– *Ein Halbkreis-Ritual*

Die Gruppe setzt sich im Halbkreis hin, und ein Teilnehmer nimmt im ihm entsprechenden Abstand dem Halbkreis gegenüber Platz. Um den richtigen Abstand zur Gruppe herauszufinden, experimentiert er mit verschiedenen Positionen.

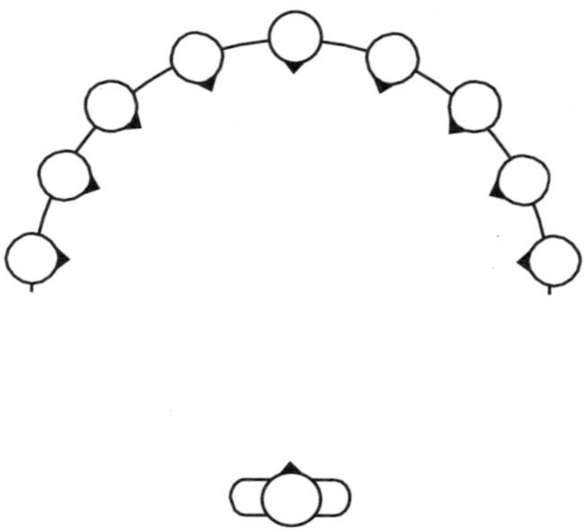

Johannes nimmt sich eine Weile Zeit, zu den Teilnehmerinnen im Halbkreis Blickkontakt aufzunehmen. Er steht langsam auf, geht

auf die Gruppe zu. Es scheint, als wolle er in den Halbkreis hinein. Dann wendet er plötzlich den Kopf ab, er weint. Er geht hinter den Halbkreis und legt sich seitlich auf den Boden, das Gesicht vom Halbreis abgewandt. Nach langen Minuten erhebt er sich schwer, geht an den Rücken der Teilnehmerinnen entlang und schleicht sich um den äußersten Rand in den Halbkreis hinein. Jetzt dreht er sich schnell um, legt sich hin und rollt sich ein. Nun ist sein Rücken den Teilnehmerinnen zugewandt. So bleibt er lange liegen, bis er zur Ruhe kommt.

„Ich mußte jeden von euch genau anschauen, und sicher gehen, ob ihr mir gut gesinnt seid. Nicht bei allen war ich mir sicher. Solange konnte ich den Halbkreis gar nicht richtig wahrnehmen. Als es ein wenig gelang, entstand eine Spannung, die ich nicht aushalten konnte. Ich war hin- und hergerissen, wollte sofort hingehen und fürchtete mich gleichzeitig davor. Auf halbem Weg schon wurde mir flau im Magen, ich kenne dieses Gefühl seit Kindesbeinen. Ich ging weiter, wurde aber unsicher. Plötzlich tauchte meine Mutter vor mir auf, sie hatte die Arme weit ausgebreitet und lächelte freundlich und einladend. Im selben Moment kam in mir Haß auf sie hoch. Sie hatte nämlich keine Zeit für mich, wenn ich bei ihr ankam. Ich konnte mich nur hinter dem Kreis verkriechen. Als ich wieder auftauchte, nahm ich wahr, daß die ganze Gruppe immer noch da war, eigentlich auf mich wartete. Ganz vorsichtig schlich ich mich von hinten um die vordere Ecke und legte mich zu euch. Ich hab immer noch damit gerechnet, daß ihr einfach weggeht. Aber keine ging weg! (Wieder Tränen) Ich fühlte mich wohler, wurde ruhig und konnte mich das erste Mal richtig ausruhen."

Aus dem Halbkreis war hier die Mutter entstanden. Durch die Begegnung mit dem Halbkreis konnte Johannes eine neue Art des Umgangs mit seiner Verwundung finden. So können die Hindernisse, die unseren Kontakt zum Urprinzip hemmen, ihre Bedeutung allmählich verändern.

Diese Arbeit können wir auch mit einer Partnerin machen. Hier bilden die weit geöffneten Arme einen Halbkreis. Was erlebst du als Halbkreis und was als Begegnender?

Hier noch zwei weitere Übungsvorschläge zum Thema Halbkreis:

– *Wiegen*

Forme aus deinen Armen einen Halbkreis, d.h. eine Wiege. Jetzt wiegst du dich, als ob du ein Kind in deinen Armen hättest.

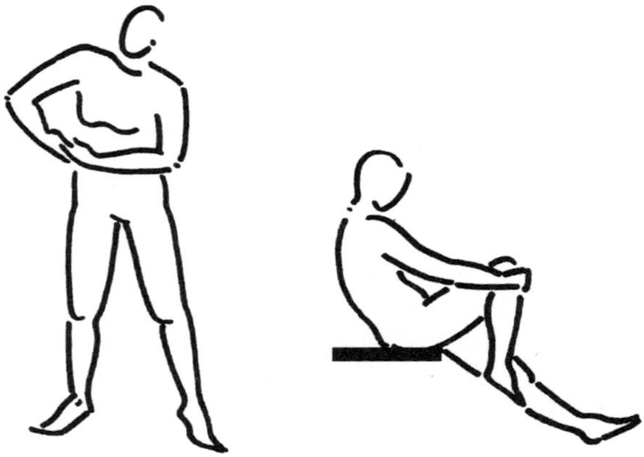

Wiegen Schaukeln

– *Schaukeln lassen*

Du setzt dich auf einen Hocker und umfängst ein Knie mit beiden Händen. Das andere Bein machst du lang, es dient dir als Gegengewicht, wenn du dich jetzt nach vorne und hinten schaukelst.

Auch auf einer Kinderschaukel oder in einer Hängematte kannst du mühelos den Halbkreis erfahren.

Beschreibe deine Empfindungen und Gefühle, nachdem du dir viel Zeit zum Nachspüren gelassen hast. Achte dabei auf deinen Atem, deine Stimmung. Welche Wirkung hat der Halbkreis? Welche Eigenschaften des Prinzips Halbkreis sind dir bis jetzt deutlich geworden? Vielleicht schreibst du sie auf, bevor du weiterliest?

Wir fanden z.B.: Mutter, Geborgenheit, Wärme, Ruhe, Wohlbefinden, Höhle, Uterus, Regression, zurückziehen, Kälte, nicht Angenommensein, zu viel Nähe, Symbiose, Rhythmus, zwei Bewegungsrichtungen, Hin- und Herschwingen des Atems...

Die Linie

Auf die Linie sind wir beim Zeichnen aus der Ellipse gestoßen. Als archetypische Grundform wollen wir sie in der Reinform erfahren, also möglichst „gerade". Dies ist eine Übung, die du gut alleine machen kannst. In der buddhistischen Tradition kennt man ähnliche Übungen als Gehmeditation.

– Die kleinen Schritte (Mit nackten Füssen)

Du stellst dir eine Linie auf dem Boden vor und beginnst, auf ihr zu gehen. Du setzt Fuß vor Fuß, so daß die Linie den Fuß stets längs teilt! Eine Weile gehst du in normalem Tempo, ohne das Gleichgewicht zu verlieren, dann wirst du langsamer, bist du ganz still stehst. Du schließt die Augen. Dein Standbein ist fest auf dem Boden. Du löst den einen Fuß langsam vom Boden, so daß du möglichst jeden Teil der Sohle spürst, der sich vom Boden löst. Jetzt ist der Fuß in der Luft, du spürst die Luft an der Fußsohle. Du schiebst ihn vor den anderen, Millimeter für Millimeter. Jetzt senkst du den Fuß wieder. In Erwartung, daß die Ferse den Boden jeden Moment berühren kann, bist du ganz gespannt, wie es sich wohl anfühlen wird. Jetzt berührt die Ferse den Boden, du gibst mehr Gewicht, setzt den Fuß so langsam auf, wie es nur geht usw. Für jede Wahrnehmung, für jeden Eindruck bist du ganz da. Mache die Übung zuerst 2–3 Minuten, beim nächsten Mal länger, dann bis zu 10 oder sogar 20 Minuten.

Hier drei kurze Erfahrungsberichte zu dieser Übung:

Anna: „Jede Ablenkung verschwand, ich wurde ruhig und der Bodenkontakt fühlte sich wie eine Verwurzelung an, nachdem ich erst mit dem Gleichgewicht zu kämpfen hatte. Zeit und Raum verschwammen. Ich hätte überall sein können, und ich wußte nicht, wieviel Zeit vergangen war, als ich die Übung beendete."

Edith: „Das normale Gehen auf der Linie gelang mir ganz gut. Ich wurde sehr konzentriert, nicht links, nicht rechts, eben nur geradeaus. Diese Kompromißlosigkeit, diese Ausschließlichkeit gefiel mir ganz gut. Ich kann mich sonst schlecht auf eine Sache konzentrieren. Beim langsamen „Schreiten" dann wurde ich unruhig. Alle Muskeln taten mir weh, die Beine wollten nicht so, wie ich wollte. Mir wurde eng, mein Atem ging nur kurz und hastig."

Peter: „Marschieren wie beim Militär, zielgerichtet, ohne nach links oder rechts zu schauen, war meine erste Assoziation. Ich dachte an meinen Alltag. Ständig renne ich einem Ziel nach, bin einer Sache auf der Spur, komme aber nie wirklich an."

Erfahrungen, die sich beim Gehen auf der Linie immer wieder einstellen:

Unendliche Bewegung, klar werden, durchstoßen, hart werden, eng werden, atemlos sein, vorwärts gehen, trennen, abschneiden...

– Linie sein

Stelle Dich mit geschlossenen Füssen auf den Boden, die Arme eng an dich gelegt. Mach – soweit möglich – alles in deinem Körper zu einer Linie. Die Beine, die Wirbelsäule, die Arme. Die Augen blicken geradeaus. Gehe so durch den Raum, aber nur auf geraden Wegen. Versuche es einmal mit einem preußischen „Stechschritt".

– Der Tiger im Käfig

Gib dir eine bestimmte Anzahl Schritte vor, nach denen du dich jeweils um 180 Grad drehst und in die entgegengesetzte Richtung zurückgehst. Ändere das Tempo und versuche zu spüren, welches Tempo der Linie entspricht.

Beschreibe deine körperlichen und seelischen Eindrücke, nachdem du dir viel Zeit zum Nachspüren gelassen hast. Achte dabei auf deinen Atem, deine Gefühle. Was macht die Linie mit dir?

Das Kreuz

Als nächste Figur nehmen wir das Kreuz. In der astrologischen Symbolik kommt es in fast allen Planetensymbolen vor. Es besteht ja aus zwei entgegengesetzten Linien, und wir haben im Kapitel 'Der Körper und die Astrologie' (siehe Seite 23) beim Zeichnen bereits versucht, es aus zwei Ellipsen entstehenzulassen. Am leichtesten gelingt es, das Kreuz zu verkörpern, zu „verleiblichen“, wenn wir uns von den Gedanken an das oft negativ besetzte Kreuz des Christentums freimachen. Dazu folgende Übungen.

– Kreuz sein

Du stehst so aufrecht wie möglich und spürst die vertikale Achse in dir. Die Arme machst du zum Querbalken, indem du sie seitlich waagerecht hältst. Halte die Stellung, solange es dir möglich ist. Kannst du dich ganz mit dem Kreuz identifizieren?

Versuche die gleiche Stellung am Boden liegend. Was ändert sich dadurch? Wie sind deine Empfindungen, deine Gefühle und wie ist die Wirkung auf deinen Atem?

– Kreuz gehen

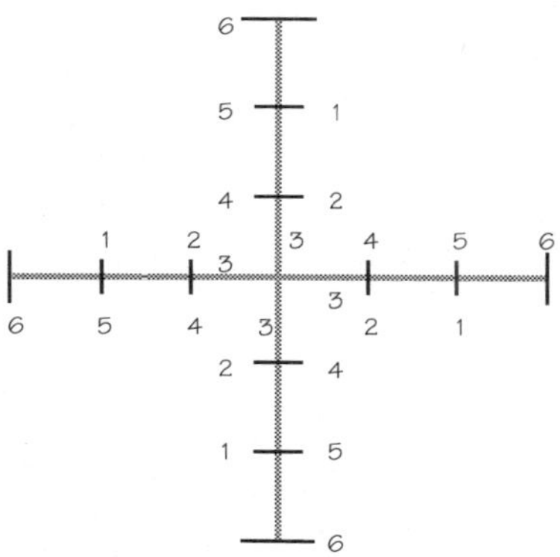

Schritte

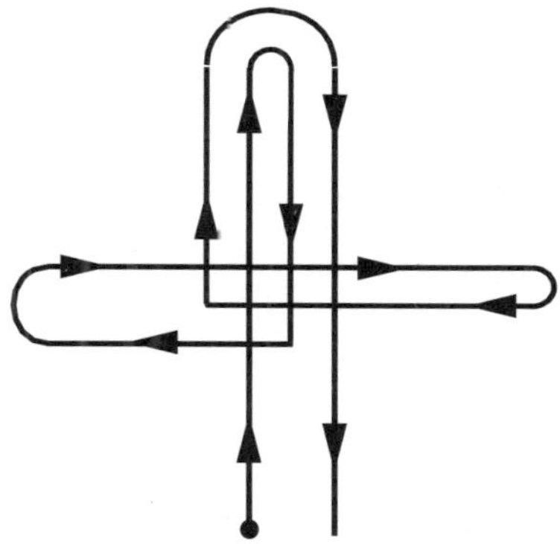

Richtung

Du gibst dir eine ganz bestimmte Anzahl Schritte für beide Balken des Kreuzes vor. Nimm zuerst 6 Schritte, also 6 vor. Dort drehst du um und gehst wieder bis zum Ausgangsort. Wieder drehen und 3 Schritte bis zur Mitte des Balkens. Hier wendest du dich im rechten Winkel auf den anderen Balken. Jetzt sind es wieder 3 vor, wenden, 6 zurück, wenden und 6 zurück usf. Die Wendungen machst du immer in der gleichen Drehrichtung, das ergibt einen gleichmäßigen Rhythmus.

– Ein Kreuzzeichen machen

Wage es einmal, mit der Hand ein Kreuzzeichen zu machen. Zuerst in den freien Raum, mal größer, mal kleiner. Später auf die Wände des Raumes, auf einen Gegenstand, dann mit einer Partnerin. Achte besonders auf die „magische" Wirkung, wenn du selbst bekreuzigt wirst!

Übrigens: Die Geste des Sich-Bekreuzigens existierte bereits in vorchristlichen Zeit!

– Das Kreuz zeigen

Bastle aus zwei gleichlangen Linealen ein Kreuz. Suche dir eine Partnerin für ein kleines Ritual. Die eine sitzt. Die andere hält das Kreuz an einem Schenkel in die Höhe und geht aus großer Distanz langsam und bedächtig auf die andere zu. In einer stimmigen Entfernung hält sie an und verweilt. Die Sitzende läßt alles auf sich wirken und gibt ein Signal, wenn sie genug hat. Darauf übergibt die Stehende das Kreuz der Sitzenden und setzt sich selbst. Jetzt entfernt sich die Kreuzträgerin, und die Rollen werden getauscht.

– Kreuzen

Zwei Partnerinnen stehen jeweils am Ende eines Querbalkens, beide der Mitte zugewandt. Auf ein Zeichen gehen sie aufeinander zu und kreuzen sich möglichst nahe, ohne sich zu behindern.

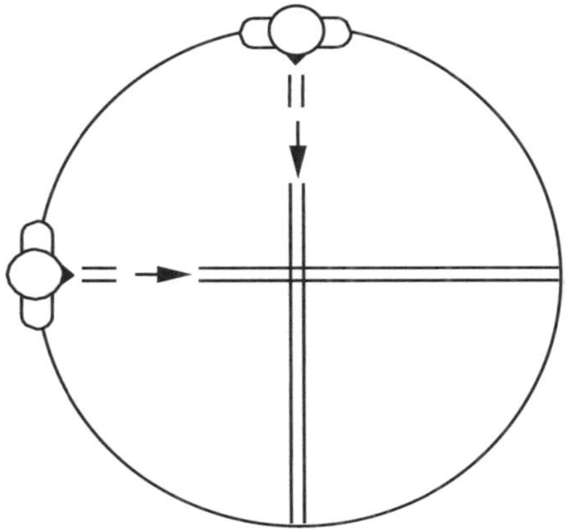

Kreuzen

Wenn du etwas mit dem Thema Kreuz anfangen kannst, findest du weitere Anregungen in ALFONS ROSENBERGS „Kreuzmeditationen“ und in „Formen“ von INGRID RIEDEL.

Das Kreuz ist die Verbindung der Horizontalen mit der Vertikalen. Es umschließt die äußersten Pole, fordert auf, ständig an und in Gegensätzen zu denken: Tod und Leben, dunkel und hell etc. Es zeigt, daß alles, was ist, zur Wirklichkeit gehört. Das Kreuz verlangt und bedeutet Hingabe an die Ganzheit.

Durch das Kreuz entsteht Unterscheidung, Klarheit, Bewusstheit. Wir legen etwas fest, es kann ein Ziel entstehen, ein Standpunkt. Im Kreuz wird etwas messbar und materiell fassbar.

In unserem Körper entsteht im unteren Kreuz (Kreuzbein) Vitalität. Es ist Basis und Kraftquelle. Hier sammelt sich die Kraft, die aufsteigt, sich im oberen Kreuz (Wirbelsäule/Schultergürtel) in den Bewegungen der Arme und des Kopfes differenzierter entfaltet. Das Kreuz gibt Orientierungsmöglichkeiten, es beschreibt die vier Himmelsrichtungen. Der Weg des Kreuzes bedeutet Ganzwerdung durch Individuation. Die christliche Bedeutung des Kreuzes als Symbol für Leiden unterscheidet sich grundlegend von diesem viel umfassenderen Verständnis.

Die Zusammensetzung der astrologischen Planetensymbole

☉ Sonne ≅ Geist

☽ Mond ≅ Seele

☿ Merkur ≅ Der Geist wird von Materie und Seele durchflossen

♀ Venus ≅ Geist über Materie

♂ Mars ≅ Materie halb über dem Geist

♃ Jupiter ≅ Seele über der Materie

♄ Saturn ≅ Materie über der Seele

In der Astrologie sind die Planetensymbole der 7 „alten“ Planeten aus den im vorigen Kapitel beschriebenen Symbolen zusammengesetzt. (In den Skizzen findest du die dazugehörigen Erklärungen.) Die drei „Neuen“ – Uranus, Neptun und Pluto lassen sich ebenfalls aus den bisher erfahrenen Grundelementen zusammenstellen.

Der Kreis entspricht dem GEIST,
der Halbkreis der SEELE,
das Kreuz der MATERIE.

Uranus ≅ Materie aus Geist

Neptun ≅ Seele in der Materie,
Materie in der Seele

Pluto ≅ Geöffnete Materie

– Die Planetensymbole darstellen

Wir können alle Planetensymbole verkörpern bzw. spielen und dadurch direkt in ihrer Wirkung erfahren.

Um die aus verschiedenen Qualitäten zusammengesetzten Planetensymbole auf den Körper übertragen zu können, beschreibe ich zunächst zum besseren Verständnis die Atem- und Körperräume, wie sie in der Atemarbeit nach MIDDENDORF verwendet werden.

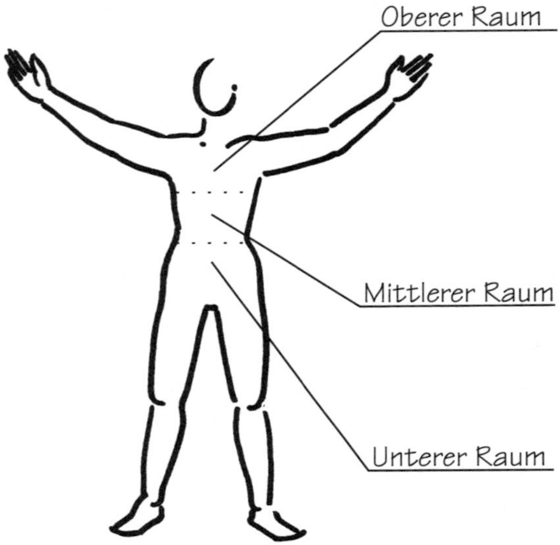

Die Atem- und Körperräume

Mit unterem Raum sind die Füße, Beine und das Becken bis zur Höhe des Nabels gemeint. Der mittlere Raum reicht vom Nabel bis zur Mitte des Brustkorbes. Der obere Raum geht von der Mitte des Brustkorbs an aufwärts und umfaßt den Schultergürtel, die Arme und Hände, den Hals und den Kopf.

Nun versuche, dich in eins der Symbole hineinzubegeben. Nimm die Zeichnung des Symbols, schau es dir genau an und versetze dich in es hinein. Je nach Zusammensetzung der Symbole aus Kreis, Kreuz, Halbkreis wirst du jeweils einen anderen Aspekt des ihnen innewohnenden Spektrums erfahren.

Sonne: *Läßt sich im Körper spüren durch Kreisen des ganzen Rumpfes im Stehen, Kreisen der Gelenke, Drehen um die eigene Achse. Mache alle Bewegungen gleichförmig.*

Mond: *Durch Schwingen, Pendeln, Wiegen. Mache rhythmische, weiche Bewegungen.*

Merkur: *Kopf, Hals, Schultergürtel sind weich und bewegen sich rhythmisch. Der Brustkorb bleibt fest und stark. Der untere Raum, d.h. Becken, Beine und Füße sind gespannt und machen abrupte, lineare Bewegungen.*

Venus: *Mit dem oberen und mittleren Raum machen wir gleichförmige, ausgewogene und harmonische Bewegungen. Der untere Raum bleibt klar und linear.*

Mars: *Der untere Raum macht gleichförmige Bewegungen, ruht in sich. Der mittlere und obere Raum führt gerade, ungestüme, unwillkürliche, explosive Bewegungen von unten nach oben und von oben nach unten aus.*

Jupiter: *Der obere und mittlere Raum führen weiche, rhythmische, weit ausladende Bewegungen aus. Der untere Raum bleibt fest, bewegt sich selten und wenn, gehalten, rituell.*

Saturn: *Oberer und mittlerer Raum bleiben eng und gehalten, machen nur karge, bedächtige Bewegungen. Der untere Raum bleibt weich, ist aber beengt durch den oberen Raum.*

Uranus: *Der untere und mittlere Raum bleiben getragen durch gleichförmige Bewegungen. Immer wieder schießt aus der Mitte Bewegung senkrecht in den oberen Raum hinein.*

Neptun: *Halbkreis-(Mond) und Kreuzbewegungen fließen ineinander, traumtänzerische, leichte, poetische, fast schwebende Bewegung.*

Pluto: *Feste, klare Bewegungen des Kreuzes explodieren immer wieder, wie aus dem Nichts, in ekstatische, chaotische, gewaltige Bewegungsfeuer nach oben.*

Das Häusersystem: Der Mensch im Raum

Das astrologische Häusersystem teilt den Außenraum in 12 Abschnitte ein. 6 davon sind unter dem Horizont, also auf der Nachtseite, 6 umfassen den Tagraum. Die Sonne durchläuft diese Abschnitte jeden Tag einmal. Jedem von diesen Abschnitten wird ein bestimmter Lebensraum oder -bereich zugeschrieben, u.a. analog zu den verschiedenen Qualitäten der Tageszeiten. (Siehe im Anhang „Der Urtierkreis", Seite 166)

Im individuellen Horoskop stehen die Planeten in diesen Feldern und verdeutlichen die ganz persönliche Art und Weise, in der wir unsere Anlagen nach außen hin leben.

Die astrologischen Häuser, auch Felder genannt, stammen aus den verschiedensten Zeiträumen. In Indien sollen die Eckhäuser, d.h. Sonnenaufgang, Mittag, Sonnenuntergang und Mitternacht bereits 3000 v.Chr. verwendet worden sein. Seit der Zeitenwende berechnen Astrologen wie z.B. Alcabitius, Porphyräus, Regiomontanus, Campanus, Placidus und Koch auch die Zwischenbereiche auf viele verschiedene Arten.

Für manchen Astrologie-Schüler erscheint die traditionelle Deutung der Häuser vorerst sehr willkürlich. Mir ging es genauso. Ihre Bedeutung zu kennen, ist aber Grundlage, um ein Horoskop deuten zu können. So habe ich immer wieder nach Möglichkeiten gesucht, ihren Sinngehalt möglichst ursprünglich zu erfahren.

Nimm die folgenden Übungen als Anregung und Ermunterung, dich selbst auf den Weg zu machen, die Häuser zu entdecken, so wie sie vielleicht ursprünglich entstanden sind. Manches wird dir direkt einleuchten, anderes läßt dich vielleicht ahnen...

Die Himmelsrichtungen

In unserem Leben brauchen wir Orientierungen. In vielen Märchen und Mythen wird beschrieben, wie sich Menschen im tiefen Wald verirren, wie der Held sich durchschlägt und wieder nach Hause findet. Der Suchende macht sich auf den Weg – einen Weg, der letztlich zu ihm selbst führt.

Sich orientieren können, heißt überlebensfähig sein. Man ist in der Lage, sich auf die Gesetze der Natur und des Kosmos einzustimmen und fühlt sich sicher. Orientierung zu suchen und zu finden, ist ein Grundbedürfnis, das in Religion und Philosophie mündet.

Es gibt verschiedene Methoden, um die Himmelsrichtungen zu bestimmen, um uns im Außen zu orientieren. Schon als Kinder wußten viele von uns, wie wir den Großen Wagen am Himmel finden können: Wenn wir dann z.B. die Linie der hinteren Wagenwand nach oben verlängern, finden wir im ca. 7-fachen Abstand den Polarstern. Von dort lassen wir ein gedachtes Lot auf den Horizont fallen und erhalten so Norden. Mit einem Kompaß wird die Orientierung sehr einfach.

Wir wollen versuchen, die äußere Ordnung, den äußeren Kosmos auch in uns wiederzufinden, suchen nun nach Orientierungsmöglichkeit im Innern.

Ich berichte aus einer Gruppenarbeit:
Wir befinden uns in Berlin-Kreuzberg, im zweiten Hinterhof eines alten Fabrikgebäudes. Der Himmel ist bedeckt, die Sonne nicht zu sehen. Schon auf dem Weg zum Kursraum verloren einige die Orientierung. Hier schließt die Kompaß-Übung an.

– *Kompaß-Nadel sein*

Für diejenigen, die die Himmelsrichtung immer noch „wissen", biete ich eine Vorübung an. Sie schließen die Augen und lassen sich von einer Partnerin drehen, bis sie ganz sicher „durcheinander", orientierungslos sind. Wir alle binden uns eine schwarze Augenbinde um, sodaß auch das Licht als äußere Orientierung wegfällt.

Wir nehmen die Arme seitlich hoch und stellen uns vor, daß sie eine Kompaß-Nadel sind. Eine senkrechte Achse geht durch uns hindurch, die bei den Füßen leicht den Boden berührt. Die Arme sind ausgestreckt, die Handflächen zeigen nach unten. Die sensibelsten Punkte sind unsere Hände, Finger und Fingerspitzen. Mit der linken Hand versuchen wir dann, Norden wie ein Energiefeld aufzuspüren. Wir drehen uns um unsere Achse und spüren die unterschiedlichen Felder im Raum. Wenn wir meinen, eine Achse gefunden zu haben, bleiben wir stehen und überprüfen sie noch einmal, indem wir sie wieder verlassen und sie ein zweites Mal aufzufinden versuchen.

Das dauert eine ganze Zeit. Wenn alle zur Ruhe gekommen sind, nehmen wir die Augenbinden ab und vergleichen unsere „Nadelstellungen".

Wir finden eine frappante Übereinstimmung, die uns alle überrascht. Einige meinen, sie hätten die Felder sehr stark fühlen können, andere haben sich einfach auf ihre Intuition verlassen. Mit kleinen Abweichungen hat die Mehrheit von ca. 16 Teilnehmerinnen, die allerdings alle einschlägige Erfahrung mit Leibtherapie haben, die Nord-Süd Achse gefunden. 2 oder 3 fanden zwar nicht Norden, aber die entsprechende Achse. 2 oder 3 haben sich auf Ost-West eingependelt. Eine Teilnehmerin war ganz daneben. Die hier gefundene Häufigkeit entspricht etwa dem Mittel aus anderen Gruppen.

Die Übung ist in der Stadt, vor allem in einer Großstadt, viel schwieriger als in der Natur. GEORGE LEONARD berichtet in „Der Rhythmus des Kosmos" von einer Radartechnik, mit der Teilnehmerinnen eines Kurses einfach nach „etwas Interessantem" suchten und so Bienenschwärme, verborgene Quellen und alte Begräbnisstätten entdeckten.

Das Unten (Imnum coeli oder die Himmelstiefe, IC)

Um in die Astrologie des Raumes einzutauchen, gehe ich mit der Gruppe auf eine Phantasiereise. Wir stellen uns vor, wir seien in der Zeit, als die Urmenschen ihr Bewußtsein langsam entwickelten.

Wir befinden uns in einer flachen, fruchtbaren Landschaft, haben uns gerade zu einer Ruhepause im Schneidersitz auf die Erde gesetzt. Wir sind müde, dösen fast ein. Wir spüren, wie wir, schwerer werdend, den Boden belasten. Drückt uns eine unsichtbare Kraft gegen den Boden, oder will sie uns gar nach unten ziehen? Oder spüren wir mehr die Beschaffenheit und die Tragfähigkeit des Untergrundes?

Uns fallen verschiedene Situationen ein: Vom Wasser oder einem Sumpf eingesogen zu werden, immer tiefer in eine Höhle hineinzugehen, etwas Schweres tragen und jede Unebenheit des Bodens mit den Füßen genau zu spüren.
Dann stellen wir uns vor, den Blickwinkel zu wechseln: wir fliegen nun auf einem Adler und betrachten das Unten aus der Luft. Wir lassen unsere Assoziationen frei fließen, ohne sie zu zensieren.

So können wir viele Eigenschaften des Prinzips Unten finden:

Es birgt, verschlingt, ernährt, ist feucht und warm, wohlig, tief, trocken und kalt, ist Mutter Erde, die Große Mutter, die Nacht, die Dunkelheit, Geburt und Tod, Fruchtbarkeit, das unbewußte, instinktive Sein, Gruppe, Kollektiv, gebunden und gefangen in der Materie. Es ist der Boden, der uns trägt, uns Kraft gibt, auf dem wir uns bewegen...

Wir erinnern uns: die Astrologie unterteilt den Raum in 12 Felder oder Häuser. Der Raum um das Unten wird von den astrologischen Häusern 3 und 4 gebildet. Die Zuordnungen:

3. Haus: In Verbindung sein, instinktives Wissen, Austausch, Kommunikation, Atem, Bewegung,...

4. Haus: Mutter, Geborgenheit, Familie, Herkunft, Gruppe,...

Die Verbindung von 3. und 4. Haus um den IC läßt sich zusammenfassen in unserer Fähigkeit und unserem Bedürfnis leichtfüßig (3.) und verwurzelt (4.) zu sein.

Das Oben (Medium coeli oder die Himmelsmitte, MC)

Wir gehen weiter auf unserer Phantasiereise, legen uns flach auf den Rücken. Nun wird uns das Oben bewußt, wir nehmen alles wahr, was oberhalb der Erde ist: Licht und Luft, die Wolken, die Blitze, das Wetter, den befruchtenden Regen, die Vögel, Weite, Klarheit. Es ist Mittag geworden - die mächtige Sonne steht oben, im Zenith.
Als ich den letzten Kampf verlor, da war doch mein Gegner auch oben. Irgendwie ist da ein Zusammenhang...

Lasse die Geschichte sich entwickeln, gehe weiter auf deiner eigenen Reise. Besteige einen Berg und sei selbst oben!

Assoziationen vom Oben:

hell, klar, weit, leicht, schwerelos, luftig, Übersicht, mächtig, allein, das Licht, die Luft, das Denken, der Tag, Mitte des Tages, das Geistige...

Oben und Medium Coeli analog zu erfahren, fällt besonders leicht, wenn du an einem Sommer-Sonnentag mittags zur Ortszeit, wenn die Sonne am höchsten Punkt steht, in den Himmel schaust.

Zur Zuordnung der Eigenschaften der umliegenden Felder, also des 10. und 9. Hauses, aus der Erfahrung heraus empfehle ich folgende Übung:

– *Das Armkreisen*

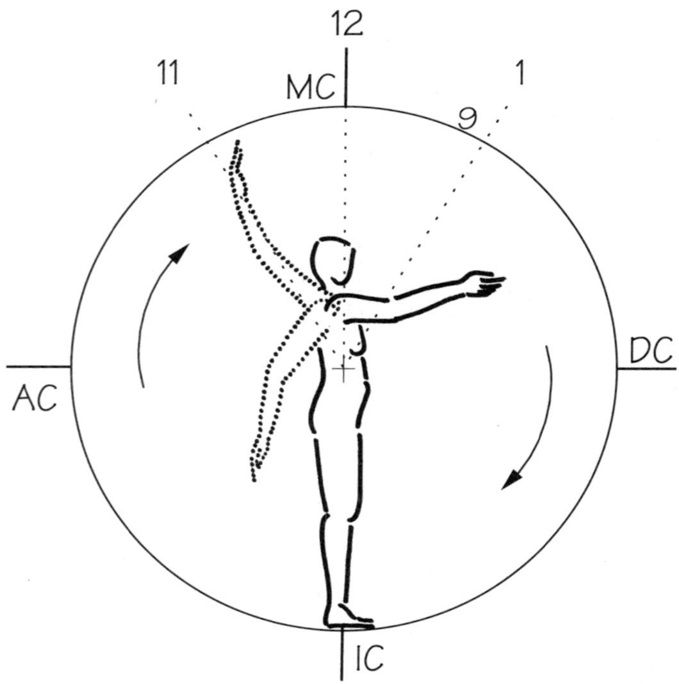

Laß deinen Arm kreisen, folge dabei dem Lauf der Sonne, d.h. im Uhrzeigersinn durch die Häuser. Laß aber den Arm langsam kreisen, damit du mehr spüren kannst. Kurz bevor du oben mit der Hand ankommst, also bei 11 Uhr auf dem Zifferblatt, beginnt das 10. Haus. Wenn du oben bei 12 Uhr bist, beginnt das 9.Haus und geht bis 1 Uhr auf dem Zifferblatt.

(Radfahrerinnen und Bergsteigerinnen mögen sich erinnern, wie es ihnen beim Aufstieg kurz vor dem Gipfel erging, bzw. vor dem Ziel und danach...)

Was empfindest du?

Zum 10.Haus: letzte Anstrengung, Bergpreis, Aufregung, Wachheit, Ziel, Entscheidung...

Zum 9.Haus: Absprung, Erlösung, Entspannung, Genuß, Weite, Freude...

Eine andere Zuordnungsmöglichkeit ergibt sich aus dem Lauf der Sonne und mit ihr dem Maß des Lichtes, in den Jahreszeiten. MC entspricht darin der Wintersonnenwende, davor, also rechts, ist die Schützezeit (Nov./Dez.). In dieser erleben wir die Natur in ihrem äussersten Rückzug, bis hin zum Stillstand. Die lange Dunkelheit ermöglicht es uns Menschen, ganz nach Innen zu gehen, über den Sinn des Lebens nachzudenken und neue Ziele zu finden.

In der folgenden Steinbockzeit (Dez./Jan) ist der Umkehrpunkt vorbei, die Vegetation benötigt vorerst intensive Kälteperioden und etwas später mehr Licht, um das Keimen, den Neubeginn möglich zu machen.

Das Zeichen Schütze entspricht dem neunten, das Zeichen Steinbock dem zehnten Haus.

Das Hinten (der Aszendent oder Sonnenaufgangspunkt, AC)

Ist es dir nicht auch schon passiert, daß dir, in einer einsamen Gegend unterwegs, auf einmal mulmig wurde und du dich unvermittelt umgedreht hast? Aus dem Raum hinter dir hat dich etwas beunruhigt.

Ich berichte aus einer Gruppenarbeit, bei der es um die Erfahrung des Hinten ging.

– Mit dem Rücken sehen

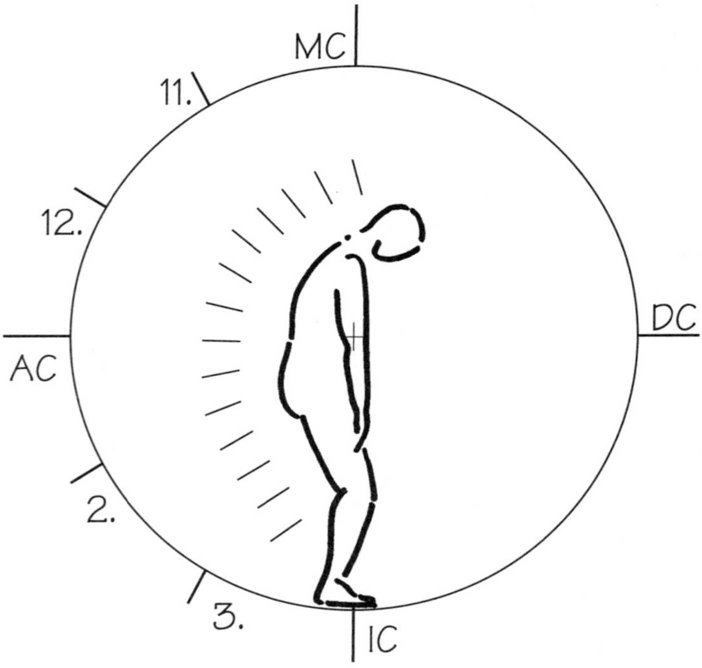

Wir befinden uns in einem großen Raum. Wir suchen uns eine Partnerin und machen unsere „hinteren Augen" auf, d.h. wir machen den Rücken empfindsam und aufnahmebereit. Dazu

beugt die eine ihren Oberkörper leicht nach vorne. Sie verlagert ihr Gewicht auf die Zehenballen, federt weich in den Knien auf und ab. Die andere stellt sich etwas seitlich und schüttelt ihre Hände aus. Dann klopft sie mit flacher, lockerer Hand zuerst das Kreuzbein der Partnerin. Die Lendengegend streicht sie seitlich aus. Dann behandelt sie den restlichen Rücken, wobei die Wirbelsäule ausgespart wird. Die Schulterpartie und die Oberarme werden ganz besonders beachtet. Die „beklopfte" Partnerin verlagert ab und zu ihr Gewicht und schüttelt die Beine aus. Ausruhen und nachspüren können beide im Liegen oder im Sitzen. Nach einer Weile wechseln sich die Partnerinnen ab.

Die Empfindsamkeit des Rückens ist geweckt. Nun können wir das Hinten wahrnehmen.

Wir stehen wieder, schließen die Augen. Der ganze Rücken ist jetzt Auge. Langsam beginnen wir, rückwärts in den Raum zu gehen und „sehen" mit dem Rücken in den Raum hinter uns. Entdecken wir die anderen? Können wir durch den Raum gehen, ohne zusammenzustoßen? Reguliere das Tempo so, daß die Wahrnehmung nach hinten nicht abbricht. Sei neugierig, welche Qualität der hintere Raum hat.

Wir tragen später zusammen:

das Ungewisse, Unsichtbare, der Hintergrund, mein Hintergrund, in die Geborgenheit gehen, in das Dunkle, zurück in die Vergangenheit...

In einer weiteren Übung zu zweit geht es um die Zuordnung des Aszendenten, auch Ich-Punkt genannt, zum Hinten.

Wir stellen uns in einem angemessenen Abstand gegenüber auf. Dann machen beide Partnerinnen ihren Rücken weich und rund, rollen sich behutsam mit dem Oberkörper ein, d.h. legen den Kopf in die offenen Hände. Dabei gehen wir ein paar Schritte rückwärts, bis wir das Gefühl haben, ganz bei uns zu sein. Nach einigen Atemzügen, oder sobald wir einen Impuls spüren, richten wir uns wieder auf, gehen gleichzeitig und mit Blickkontakt auf die Partnerin zu und breiten die Arme aus, bis sie ganz offen sind. In einem kleinen Abstand zur Partnerin kommen wir dann zur Ruhe und können die Übung wiederholen.

Ist eine Verbindung von Hinten und Ich erfahrbar geworden? In welchem Zusammenhang stehen die beiden Qualitäten?

Der Raum um den Aszendenten herum wird vom 12. und vom 1.Haus gebildet.

12.Haus: Rückzug, Verborgenes...

1. Haus: Rückgrat haben, Ich sagen und spontan auf sich, d.h. nach hinten zeigen...

Das Vorne (Deszendent oder Sonnenuntergangspunkt, DC)

Ein weiterer Bericht aus einer Gruppenarbeit:

Um das Vorne gut spüren zu können, streichen wir die vordere Körperseite mit unseren Händen. Wir streichen zuerst mit flachen Händen das Gesicht. Nimm dir Zeit. Komm langsam zu Hals und Kehlkopf. Streiche den Brustkorb, fang bei den Schlüsselbeinen an, komme dann zum Brustbein, den vorderen Rippen, nimm auch die Innenseiten der Arme und die Handinnenflächen dran. Streiche die weiche Bauchdecke kreisförmig im Uhrzeigersinn. Jetzt komme zu den Leisten, den Vorderseiten der Oberschenkel, den Kniescheiben, den Schienbeinen und der Oberseite des Fußes. Spüre eine Weile still nach.

– Sich Begegnen

Wenn du soweit bist, suche dir eine Partnerin. Jetzt stellt euch in einem genügend großen Abstand von ca. fünf Metern einander gegenüber. Auf ein Zeichen geht beide langsam aufeinander zu und versucht wahrzunehmen, was ihr empfinden und fühlen könnt: z.B.

„Der Atem wird schneller und geht nach oben. Etwas später merke ich auch den stärkeren Pulsschlag. Ich fixiere mich in der Begegnung ganz auf die Augen der anderen. Alles andere vor mir nehme ich gar nicht wahr. Von einer bestimmten Nähe an geht es nicht mehr weiter. Ich muß stillstehen. Eine andere Möglichkeit wäre, die Partnerin zu umarmen, etwas zwischendrin gibt es für mich nicht."

– Nach vorne gehen

Wir geben uns die Aufgabe, den vorderen Außenraum zu erkunden. Von einem Punkt aus gehen wir los. Wir versuchen dann, das Vorne zu fangen, werden so immer schneller, bis wir im Laufschritt durch den Raum sausen.

Assoziationen zum Vorne:

Hektik, Alltag, Stadtleben, Arbeit, keine Ruhe haben, nie ankommen, zielbewußt sein, ergreifen wollen, haben wollen, etwas nachjagen, sich sehnen, jemand anderen suchen, das Du, der Andere, hingelangen, in die Zukunft sehen, Ferne, Weite...

Das Du, der Deszendent und das Vorne gehören analog zusammen. Wir begegnen den anderen von vorne. Diese analoge Übersetzung brauchen wir, um uns später direkt in das eigene Horoskop hineinstellen zu können.

Das 6. und das 7. Haus sind die Umfelder des Vorne, also des Deszendenten. Das 6. liegt unterhalb des DC, das 7. oberhalb.

6. Haus: Die Begegnung mit den Dingen, also ergreifen, berühren, bearbeiten, machen. Alle Tätigkeiten werden vorne mit den Händen ausgeführt.

7. Haus: Die Begegnung mit dem Mitmenschen. Sie passiert, wie wir erfahren haben, normalerweise mit Bezug auf den oberen Teil des anderen Menschen, d.h. vom Gürtel an aufwärts.

Links (eine andere Entsprechung zum Aszendenten)

Bei diesem Raum ist es besonders wichtig, ganz vom körperlichen Erleben auszugehen und alle Konzepte, all unser Wissen, unsere Fragen, unsere Skepsis vorerst zurückzustellen.

– Den linken Raum fühlen

Wir machen die ganze linke Seite lebendig und empfindsam. Den linken Arm kneten wir kräftig durch, lockern ihn durch schütteln und durch Drehbewegungen der Gelenke. Wir massieren die linke Hand und deren Finger mit Daumen und Zeigefinger der anderen Hand. Den Rest unserer linken Seite streichen wir mit der Handfläche von der linken Kopfseite bis zum linken Fuß. Mit geschlossenen Augen erfühlen wir den Raum links von uns. Der linke ausgestreckte Arm führt uns. Der restliche Körper folgt nach.

Wir sammeln Erfahrungen:

„Ein weicher und sensibler Raum, der nicht so genau definiert scheint". „Er lädt zu räumlichen Bewegungen ein". „Die Richtung fehlt mir". „Ein Raum, in den ich mich flüchten, bergen, verbergen oder anlehnen kann". „Ein Raum der langsamen, weichen, harmonischen und ausgeglichenen Bewegung". „Ein introvertierter, nach innen weisender Raum".

Wie gehören links und der Aszendent – auch Ich-Punkt genannt – analog zusammen?

Begib dich frühmorgens vor dem Sonnenaufgang an einen Aussichtspunkt, von dem aus du die aufgehende Sonne sehen kannst. Lass dir 15–20 Minuten Zeit, den Sonnenaufgang zu erleben. Frage dich anschliessend, ob die Zeit kurz vor und nach dem Sonnenaufgang für dich eine Zeit des Alleinseins (des Ich's) oder der Zweisamkeit (des Du) ist.

Eine schöne Übung für das 12. Haus: Wenn du etwas mit der Hand verstecken möchtest, wie machst du das? In der Regel nimmst du die Sache in die linke Hand und hältst sie hinter dich.

Sie ist dann etwa in Höhe der Niere, also gerade oberhalb des Kreuzbeines, bzw. des Beckens. Dort befindet also das 12.Haus, der verborgene Bereich!

Rechts (eine andere Entsprechung zum Deszendenten)

Auf den rechten Raum bereiten wir uns in der gleichen Art und Weise vor, wie wir es für den linken Raum getan haben.

Wir können dabei erfahren :

Dieser Raum ist klar, direkt, zielgerichtet, manchmal fast zu strukturiert, energiegeladen. Er fordert auf, rasch in ihn hineinzugehen. Ein extrovertierter, also nach außen gerichteter Raum.

Die Kugel

Die bisher gefundenen Orientierungen umschließen einen festgefügten Raum, in den wir uns hineinstellen können. Dieser Raum entspricht dem Urtierkreis. Im Urtierkreis sind, im Gegensatz zum Geburtshoroskop, alle Häuser mit den zugehörigen Tierkreiszeichen in Übereinstimmung, d.h. die Häusereinteilung und die Tierkreiseinteilung sind nicht gegeneinander verdreht. Also ist der Sonnenaufgangspunkt oder Aszendent links und im Osten.

– Die Kugel „auskleiden" – der Aszendent ist links

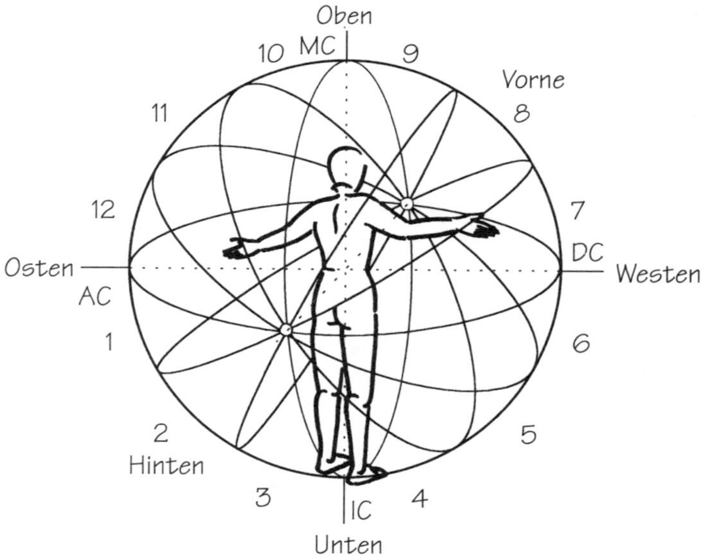

Suche im Raum Osten. Entweder machst du die Übung „Kompaß-Nadel sein" oder du suchst (an einem schönen Tag) den Lauf der Sonne am Himmel. Dann drehst du dich mit ausgestreckten Armen solange, bis die linke Hand nach Osten zeigt. Du stehst jetzt so, wie jedes Horoskop gezeichnet ist (der Aszendent steht links), dein Blick geht nach Süden.

Zuerst kleidest du die untere Halbschale aus. Du stehst. Mit dem rechten Bein beginnst du, das vierte Haus auszufüllen, in Besitz zu nehmen. Es reicht in der größten Breite von der Mitte zwischen den Beinen bis 5 Uhr, in seiner Länge geht es in seinen Spitzen – wie ein Orangenstück – waagerecht nach vorne und waagerecht nach hinten. Du läßt also das rechte Bein aus dem Hüftgelenk nach vorne und hinten pendeln, wobei du unten jedesmal den Boden mit dem Fuß schleifend berührst.

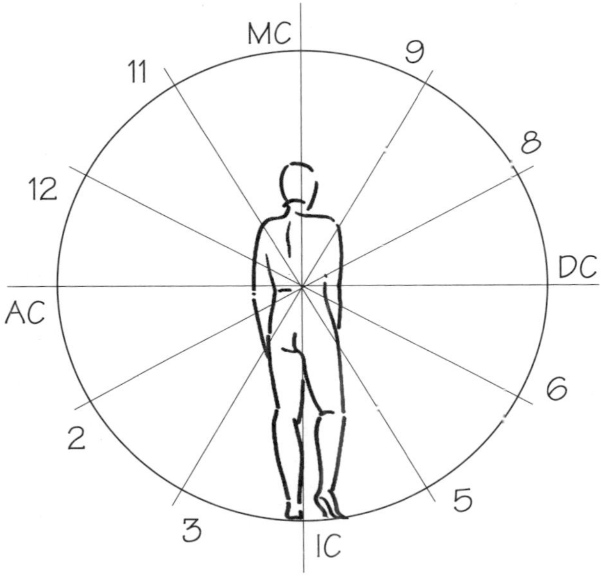

Untere Halbschale

Dann nimmst du das dritte Haus, also das linke Bein. Du pendelst abwechselnd mit dem linken und rechten Bein vorne und hinten hoch, jetzt allerdings, ohne den Boden zu berühren. Du pendelst so hoch, wie es dein Hüftgelenk erlaubt, bis zum sechsten Haus mit dem rechten Bein und bis zum ersten Haus mit dem linken Bein. Nach einer Pause läßt du deine Beine sich dann frei in der unteren Halbschale bewegen. In welche Häuser wollen sie? Du kannst die Häuser, die schwierig bzw. unbekannt sind, besonders lange drannehmen. Nach der Übung fühlst du dich mit dem Unten und seinem Umraum vertraut(er). Du bist verankert, verwurzelt, beweglich – präsent.

Dann wendest du dich der oberen Kugelschale zu. Hier nimmst du den Oberkörper bzw. die Arme, um alle oberen Häuser kennenzulernen. Das geht von der Horizontalen bis ins oberste Oben, das du nur noch mit den Fingerspitzen berührst. Hier geht der Atem schneller und nach oben, du wirst wach, angeregt, aber auch klar und gewinnst Weite.

Im Anschluß wendest du dich der hinteren Halbschale zu. Du gehst in den runden Rücken von hinten links bis hinten rechts. Dazu öffnest du deine Achselhöhlen, indem du die Handflächen nach hinten außen öffnest. Genauso drehst du die Fersen nach außen, machst X-Beine. So wird der Rücken vom Kreuzbein bis zu den Schulterblättern offen. Das meiste Gewicht lastet jetzt auf den Fersen.

In die vordere Halbschale biegst du dich mit einem Hohlkreuz hinein. Der Bauch geht nach vorne, der Kopf nach hinten. Jetzt schwingst du in dieser Stellung von links nach rechts. Die Hände sind nach vorne außen gedreht, sodaß die Schultern nach hinten können. Das Gewicht liegt weit vorne auf den Zehenballen.

In die linke Halbschale gehst du mit dem erhobenen linken Arm, die Handfläche dem Himmel zugewandt, sodaß die linke Flanke ganz frei ist, als wenn du dich wie eine Banane vom linken Fuß bis zu den Fingerspitzen nach links krümmen würdest. Das linke Bein ist jetzt Standbein, das rechte darf abheben. Mit einem leichten Schwung nach links vorne und wieder zurück bis links hinten kannst du ein „Schalengefühl“ finden.

Die rechte Halbschale kleidest du entsprechend aus.

Mache zwischendurch immer wieder Pausen. Erst nach dem notwendigen Nachspüren der Räume gehst du weiter. Zum Schluß bewege dich frei in der Kugel. Vielleicht sind dir durch die entsprechenden Bewegungen wichtige Räume bzw. Häuser bewußt geworden, vielleicht fühlst du dich jetzt vollständiger.

– Die Kugel auskleiden, der Aszendent ist hinten

Genauso können wir den Rücken nach Osten, d.h. zum AC wenden. Jetzt haben wir den breitesten Teil des 12. und 1. Hauses in unserem Rücken, bzw. den breitesten Teil des 6. und 7. Hauses im Unter- und Oberbauch und im Kugelraum vor uns.

Versuche es und achte darauf, wie sich die Bewegungen durch die andere Lage des Häusersystems ändern.

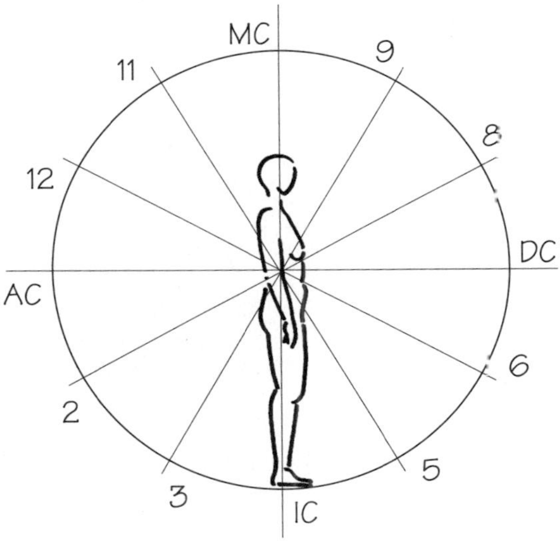

Der AC ist hinten

Hier ein Beispiel, wie sich Rose, 36 Jahre alt, in der Kugel erlebt hat und welche Übereinstimmungen mit dem Horoskop wir erkennen können. Rose hat die Erfahrungen aus der Übung bereits bildlich dagestellt (siehe Seite 60).

„Auffallend ist für mich die unterschiedliche Empfindung der beiden Seiten: Links, das sind runde, kreisrunde Bewegungen, die zu mir hinführen, so, als ob ich jemand umarmen wollte. Links fühle ich mich wohl, da bin ich zuhause.

Rechts, das sind von oben nach unten führende Striche, also eine Abwärtsbewegung. Rechts gehört nicht zu mir.

Als ich meine Zeichnung später in Bewegung umsetze, wird mir klar, daß sie eine „Geh-weg-Bewegung" darstellt. Es war wohl mein Bruder, der immer „Geh weg" zu mir gesagt hatte. Als ich die linke Seite bewegte, erinnerte ich mich sofort an meinen Großvater. Er war derjenige, zu dem ich immer kommen konnte, der mich immer mit offenen Armen aufnahm."

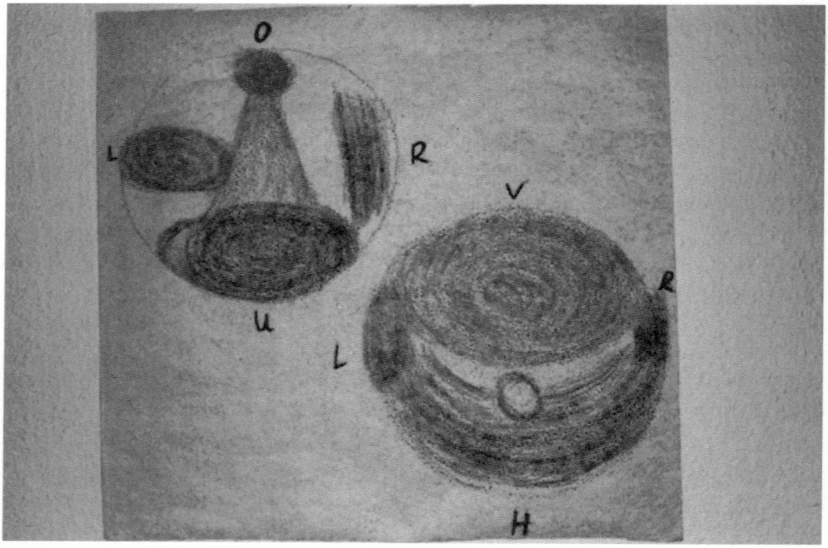

In der Kugel

In dem Bild auf der linken oberen Seite (frontal betrachtet, AC links) finden wir unten ein dunkles Oval, das im Orginal blau ist und einen See darstellt. In ihm können wir den Mond in Konjunktion mit Pluto am IC sehen. (Eine Auflistung der hier verwendeten astrologischen Symbole, Begriffe und ihrer Bedeutung findet sich im Anhang.) Was in der Tiefe dieses Wassers noch schlummert, läßt uns das Tierkreiszeichen Löwe mit seinem feurigen Temperament vermuten. Aus der Tiefe ist der rote Feuerball nach oben gestiegen. Er verkörpert die Konjunktion von Sonne und Merkur. Die Spannung der Oppositionen sehen wir in dem gelborangenen Feuerschweif. Links ist eine violette Ellipse, sie läge auf das Horoskop übertragen im Stier, berührte Roses Stier-Jupiter an der Spitze des 12. Hauses. Die rechte Seite ist mit grün-blauen Strichen versperrt. Ob wir in ihnen den rechten, unbesetzten Raum, oder die Konjunktion von Saturn und Neptun dargestellt sehen? Beides ergäbe einen Sinn. Rose könnte die leere Stelle im Horoskop als versperrt, nicht zugänglich erleben. Saturn mit Neptun könnten es ihr schwer machen, eine Form zu finden, nach außen zu treten.

Von oben betrachtet (AC hinten), d.h. auf dem Bild rechts unten, sehen wir wieder einen schaligen Halbkreis für den Mond, auch er ist im Orginal blau. Vorne ist eine größere Ellipse, auf der Zeichnung in rot. Hier scheint die Sonne auf Kosten des Mondes, der nach hinten gedrückt wird, fast den ganzen vorderen Raum einzunehmen. Das könnte darauf hinweisen, daß Rose ihre weibliche, weiche Seite, ihr Fühlen zugunsten ihrer Selbstbehauptung vernachlässigt. Links und rechts (L und R) sind nur als kleine Elemente in denselben Farben wie im Frontalbild dargestellt.

In späteren Arbeiten haben uns die Fragen nach der großen Sonne, die den Raum wegnimmt, zu einer ungelösten Vater/Liebhaber - Problematik geführt. Hier wurde ihr bewußt, daß der dominante Vater ihr wenig Raum ließ und er sie eigentlich für sich haben wollte. Beides ging auf Kosten ihres Fühlens, ihrer Bedürfnisse und ihrer Weiblichkeit. Ihre enorme Kraft blieb gehemmt. Die Frage nach dem nicht vorhandenen Rot in ihrem See erinnerte sie an die Folgen dieser Verluste: depressiven Verstimmungen. (Mond/Pluto Konjunktion im Löwen am IC, in der Hemmung erlebt).

Nachdem Roses Bilder besprochen waren, machte ich ihr das Angebot, die Problematik des zu kurz gekommenen Mondes in Ton zu gestalten. Es entstand das Thema Höhle, das die ganze Gruppe aufnahm.

Rose: „Ich hatte sofort eine ganz klare Vorstellung von meiner Höhle. Während des Arbeitens mit Ton kam mir die Idee, meinen Eingang so zu gestalten, daß nur ich oder nur eine Person durch

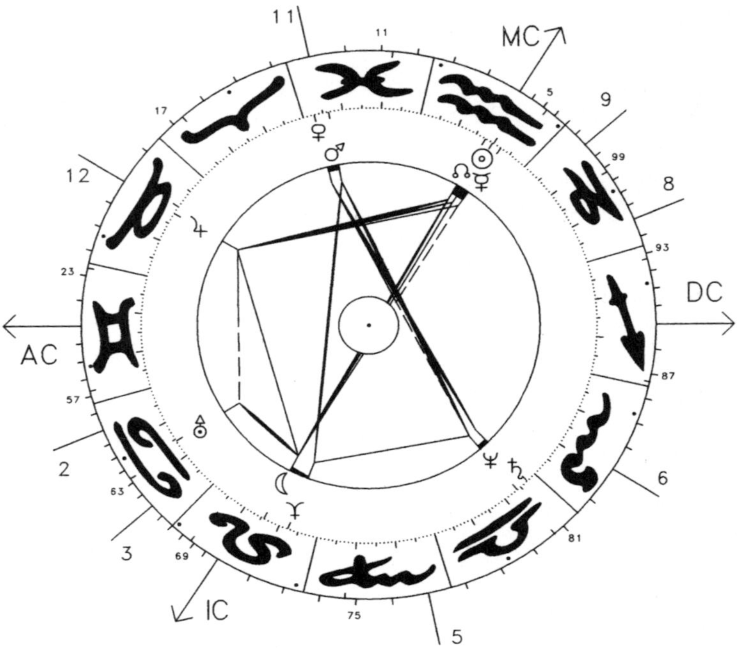

Horoskop Rose

die Öffnung hinein oder herauskommen kann. So könnte ich bestimmen, wer in die Höhle darf, wen ich bei mir haben möchte und wen nicht. Es machte mir richtig Spaß, das Eingangsloch immer enger werden zu lassen. Dabei hatte ich die Vorstellung eines Vogels, eines Kleibers, der das Eingangsloch seines Nestes so klein und eng macht, daß keine Feinde hineinkommen können. Als ich dann dasaß und mein fertiges Werk betrachtete, war ich zunächst recht zufrieden. Als die anderen über ihre Höhle sprachen, wurde mir erst bewußt, daß bei mir keine Sonne und kein Licht hineinscheinen kann. Das machte mich traurig. Als ich davon erzählte, erhielt ich das Angebot, meine Höhle doch noch zu ändern. In Windeseile ging ich daran, mein enges Eingangsloch aufzubrechen..."

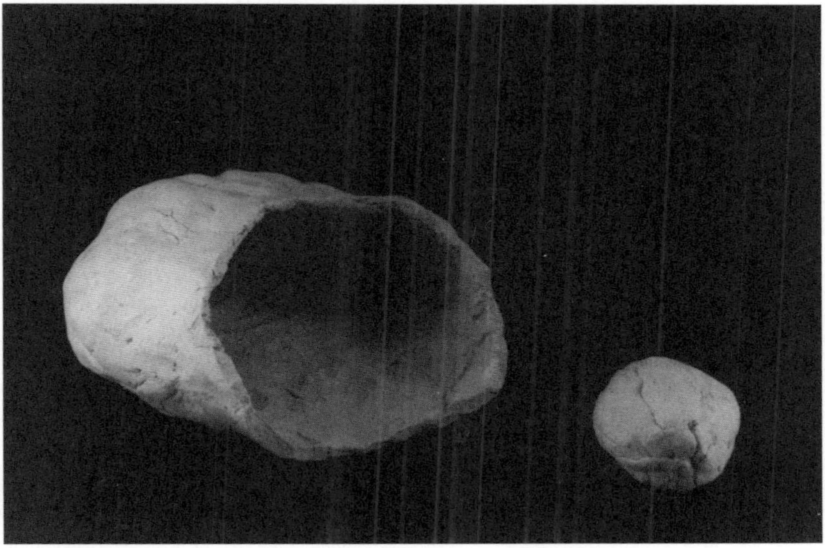

Die Höhle

Die Tierkreiszeichen: Der Raum im Menschen

Der astrologische Tierkreis, auch Zodiak genannt, unterscheidet in seinen zwölf Symbolen zwölf verschiedene Energiequalitäten. Eine einfache Analogie ist der Jahreslauf der Sonne durch alle Zeichen. Die Qualität der Jahreszeiten und Monate beschreibt die Zuordnung zu den Tierkreiszeichen.

Wir können die zwölf Symbole wie eine psychologische „Typenlehre" sehen. In der psychologischen Astrologie werden die Zeichen denn auch mit den menschlichen Anlagen gleichgesetzt.

Im folgenden Kapitel wollen wir diese zwölf Qualitäten aus uns selbst heraus erspüren. Die dabei bewußtwerdenden persönlichen Probleme sollen an dieser Stelle nur wahrgenommen werden. Die eventuell notwendige, konfliktbezogene Aufarbeitung wäre dann therapeutischer Art und soll hier nicht dargestellt werden.

Es kommt bei diesen Übungen darauf an, die entsprechenden inneren Räume wieder in Besitz zu nehmen, sie zu „verleiblichen".

Der untere Raum

Mit dem Beckenkreis hast du bereits eine Möglichkeit erfahren, mit dem Unten und mit dem Archetypus Krebs in Verbindung zu kommen. Es fehlen aber noch Beine und Füße.

– Erarbeiten der Füße

Du sitzt auf deinem Hocker und schlägst ein Bein über das andere, sodaß du mit den Händen bequem an einem Fuß arbeiten kannst. Mit beiden Händen knetest du kräftig die Zehen. Da es in dieser Übung um den Raum geht, befaßt du dich mit dem Fleisch und den Muskeln. (Ginge es um die Struktur, würdest du dich mit den Knochen beschäftigen). Du massierst kräftig alle Zehen, eine nach der anderen, auch seitlich, von den Zwischenräumen aus. Viele Stellen zeigen dir durch ihre Empfindlichkeit oder Schmerzhaftigkeit an, daß sie die lösende Berührung nötig haben. Bald kommst du zum Mittelfuß, den du zwischen Daumen und Finger nimmst und von oben nach vorne in die Zwischenräume der Zehen ausstreichst. Die Ferse knetest du kräftig, drückst sie wie eine Zitrone aus. Zum Schluß ist das Fußgelenk dran, das du kreisen läßt und zum Schluß mit beiden Händen umfaßt. Dann setzt du den Fuß ab und spürst den Unterschied zwischen den beiden Füßen. Dann kommt der andere Fuß an die Reihe.

Beat: „Meine Füße sind jetzt warm und nicht so weit weg wie sonst. Sie gehören mehr zu mir. Ich habe das Gefühl, als hätte ich Schwimmhäute. Es wurde mir im ersten Moment etwas schummrig, als ich meine Füße so kräftig berührte. Sie sind eigentlich sehr feinfühlig. Das ist für mich eine Entdeckung."

Diese Erfahrung kannst du als Grundlage für eine Partnerarbeit nehmen. Wie könnt ihr euch mit den Füßen und damit aus dem unteren Raum begegnen?

Ihr sitzt euch auf Hockern gegenüber. Ihr schließt die Augen und versucht, über eure Füße eine Begegnung, ein Gespräch ohne Worte mit eurer Partnerin anzubahnen. Zuerst berührt ihr die andere mit einem Fuß. Alles weitere überlasst den Füßen selbst. Seid offen für die Impulse, die euch führen wollen!

Beat: „Ganz gespannt auf den ersten Moment der Berührung zögerte ich, wartete ab. Das dauerte mir dann zu lange, und ich wurde selber initiativ. Ich war so erstaunt, was es am Fuß meiner Partnerin alles zu entdecken gab. Vor allem über die Zärtlichkeit, die Feinheit, die mir mit meinen klobigen Füßen möglich war. Ein großes Bedürfnis nach Berührung an den Füßen wurde mir klar. Erinnerungen an meine Kindheit kamen, als mir meine Mutter Essigsocken gemacht hatte. Dann ein Bild, als meinem Großvater auf dem Sterbebett die Füße gewaschen wurden. Es gab Momente, in denen ich mit meiner Partnerin verschmolz, die Grenzen zwischen uns waren plötzlich weg."

Wir fassen zusammen:
Feinfühligkeit, Zartheit, Geborgenheit, Weichheit, Güte, Zerfließen der Grenzen, Vorbereitung zum Sterben...

Wir haben so die Entsprechung der Füße mit dem Tierkreiszeichen Fische erfahren.

– Die Beine

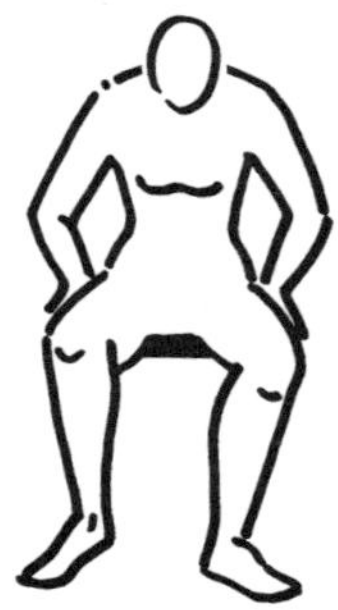
von hinten nach vorne

von außen nach unten

von innen nach oben

von vorne zu sich

Sitzend streichst du dir mit beiden Händen, beim Kreuzbein beginnend, außen an den Beinen entlang bis zu den Füßen. Dort wechselst du über die Vorderseite der Füße nach Innen und folgst den Innenseiten bis hoch zu den Leisten, am Bauch entlang über den Beckenkamm wieder zum Kreuzbein zurück. Wiederhole das Streichen, solange es dir gut tut.

Dann beuge dich nach vorne und beklopfe die Beine kräftig mit flachen Händen. (Wer Krampfadern hat, bleibt beim Streichen!). Verweile vorerst bei den Muskeln des Unterschenkels. Dann gehe weiter zu den Oberschenkels und klopfe diese ebenfalls, bis du sie gut spüren kannst und sie sich lebendig anfühlen.

Kathrin: „Meine Beine sind jetzt schön warm und lebendig. Ich habe Lust, aufzuspringen und wegzulaufen oder mit meinen Beinen jemanden wegzustoßen."

Diese Erfahrung erscheint banal. Insgesamt gehören die Beine mit dem Becken zum Unten, lassen sich aber noch feiner unterscheiden. Wir wissen, daß die Astrologie Unter- und Oberschenkel verschiedenen Zeichen zuordnet.

Welche Eigenschaften gehören zum Unterschenkel?

Unpersönlich, sehr knochig und hart, wenig raumhaft, dafür in der Kontur sehr klar, sie verbinden, schaffen den Kontakt zum Boden. (Wassermann)

Welche Eigenschaften gehören zum Oberschenkel?

Sind der Person näher, kräftiger, können weglaufen, Sprünge machen, ausschreiten, neue Räume und Ziele in Besitz nehmen. (Schütze)

– *Kraft aus dem Becken*

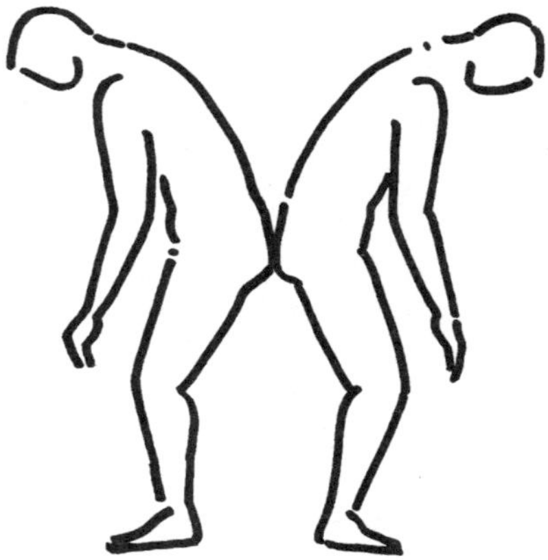

Du suchst dir eine gleichgroße Partnerin. Dann stellt ihr euch mit dem Rücken zueinander, sodaß eure beiden Kreuzbeine sich berühren können. Wenn ihr gut steht, reibt ihr eure Kreuzbeine aneinander, bis ihr einen dichten, verläßlichen Kontakt spürt. Ihr steht noch selbst, aber ein Teil des Gewichts mutet ihr der Partnerin zu. Bald löst ihr euch und versucht, mit euren Becken gegeneinander zu schwingen, als wenn sie zwei Glocken wären, die sich gegenseitig zum Klingen bringen. Nur die beiden Kreuzbeine sollen sich berühren, der Rücken spielt keine Rolle. Zuerst müßt ihr einen gemeinsamen Rhythmus finden, damit ihr euch aufeinander verlassen könnt. Erst jetzt sucht ihr nach der stimmigen Stärke des jeweiligen Anstoßes. Daraus kann ein vitales, kämpferisches Aufprallen entstehen, oder ein sanftes, betont rhythmisches „Antippen". Die lockere Beckenbewegung aus den Hüftgelenken steht dabei ganz im Vordergrund. Hartes Kämpfen ist nicht Sinn der Übung. Nach dem Nachspüren tauscht ihr euch mit eurer Partnerin über euer Erleben aus.

Übe mit dem so vorbereiteten Becken weiter. Versuche zuerst, die gleiche Beckenbewegung wie in der Partnerarbeit nachzuvollziehen. Das Schambein kommt also zuerst nach vorne, dann schwingt das Becken mit einem Impuls zurück, bis du im Hohlkreuz bist. Umgekehrt geht es auch: Du ziehst das Becken langsam zurück, sodaß der Atem folgen kann und schwingst es im Ausatem nach vorne. Experimentiere damit, bis dein Becken sich frei fühlt, die Bewegungen zu machen, die es machen möchte. Achte dabei auf deine Widerstände und Grenzen.

Gerhard: „Am Anfang war ich froh, frei zu sein. Bald darauf merkte ich, daß ich mich jedesmal beim nach vorne kommen ganz schön verspannte. Als ich es dann langsamer und weicher versuchte, war es stimmiger. Es entstand eine explosive, stark gerichtete Kraft aus dem Becken, die wie der erigierte Penis nach vorne oben zeigt."

Astrid: „Die Worte meiner Mutter: Das tut man doch als Frau nicht, störten mich total. Wut, Trauer und Frustration kamen. Mein Becken ist noch lange nicht frei. Zum Schluß hatte ich aber eine Ahnung, wie es sich anfühlen könnte, wenn ich meine Beckenkraft freilasse. Mein Stand war zum Schluß gut, und es gab einen Impuls nach vorne."

Die Erfahrungen mit der Kraft aus dem Becken:

Die Sexualkraft, das Aggressive, Explosive, Vulkanische, die gerichtete Kraft. Sie kommt vom Kreuzbein nach vorne wie ein Stab hoch über die Blase hinaus...

Sie wird dem Skorpion zugeordnet.

Der obere Raum

– Der Kopf

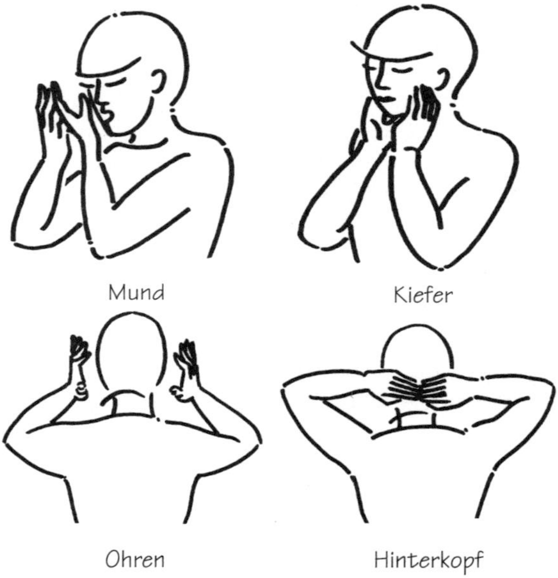

Du sitzt. Um den Kopfraum zu erkunden, massierst du mit den Fingerkuppen beider Hände deine Kiefermuskulatur. Sie ist gut zu spüren, wenn du den Unterkiefer bewegst.

Dann öffne den Mund mit einem „U-A" und schließt ihn am Ende des Ausatems. Das Bild von einem großen, saftigen Pfirsich,in den du beißt, kann dir helfen.

Lege dann die Hände wie zwei Schalen ineinander und halte sie in geringem Abstand vor den Mund. Mit leicht geöffnetem Mund versuche den Rachen zum Hals hin weit werden zu lassen. Es kann ein Gähnen entstehen. Gähne, bis du davon ganz „satt" bist.

Dann wende dich den Ohren zu. Du knetest sie behutsam mit Daumen und Fingerkuppen. Danach halte die Hände in einem kleinen Abstand vor die Ohren. Mit dem Ein- und Ausatmen, dem Weiter- und Schmalerrwerden, stellst du eine Verbindung zu deinen Händen durch die Achse der Ohren her. Mit dem Einatem kannst du die Hände etwas öffnen, mit dem Ausatem kommen sie wieder näher ans Ohr heran.

Nach einer Ruhepause und ausgiebigem Nachspüren wendest du dich dem Hinterkopf zu, der Stelle, wo die Wirbelsäule im Kopf mündet. Du streichst seitwärts mit allen Fingern von der Mitte aus bis hinter, bzw. über die Ohren. Du wiederholst das mehrmals, langsam und gesammelt. Mit dem leichten Druck, der gegen die Fingerkuppen entsteht, füllst du dich mit Einaten, mit dem Lösen der Hände und Arme strömt der Atem wieder aus.

Die Nasenwurzel kommt als nächstes dran. Du nimmst sie zwischen Daumen und Mittelfinger und drückst kräftig, läßt den Atem kommen, löst wieder. Das kannst du 2–3 Mal machen, bis die Stelle deutlich zu spüren ist. Dann lockerst du die Arme und hälst eine Hand vor deine Stirn, die andere vor dein Hinterhaupt. Wieder versuchst du mit Hilfe des Atems eine Verbindung zwischen der Nasenwurzel und dem Hinterkopf entstehen zu lassen. Sobald sich die Arme verspannen, ruhst du dich aus oder beendest die Übung.

Du spürst gut aufgerichtet – stehend oder sitzend – nach.

Elisabeth: „Mein Kopf ist weit, hell und klar und sehr körperlich. Die Gedanken sind überraschenderweise zum Schweigen gekommen. Ich habe Raum im Schädel, es scheint mir sogar, daß der Raum über den Kopf hinaus geht, vor allem hinten und vorne. Mein Kiefer ist voller Widerstand, hart und trotzig, ein Nein kommt ganz klar, ich will nicht loslassen. Erst das viele Gähnen hat geholfen. Der Mund und Rachenraum hat mich müde und wohlig gemacht. Die Nasenwurzel hat bis in die Augen und Stirnhöhlen hineingestrahlt. Die Arbeit am Hinterkopf gab mir eine Art „Pferdemähne" nach hinten. Jetzt fühle ich mich majestätisch, der Kopf thront, ich sehe alles gelassen, mit guter Distanz".

Am Kopf können wir die folgenden Qualitäten erfahren:

Bewußtheit, Übersicht, Klarheit, Haltung... Das entspricht dem Zeichen Steinbock.

Zudem erfahren wir Würde, Raum und Zielbewußtheit, Direktheit... Das entspricht dem Zeichen Schütze.

– *Der Schultergürtel*

Du stehst und läßt deine Schultern kreisen. Du beginnst mit der für dich schwierigeren Seite. Einmal kreist du nach vorne, dann nach hinten. Die Schulter führt diese Bewegung, den Arm läßt du hängen, er folgt nur nach. Nach zwei oder drei Atemzügen nimmst du die andere Schulter dran. Zwischendurch lockerst und löst du die Arme.

Dann läßt du einen Arm nach dem anderen seine Bewegung finden. Welches Thema entsteht in der Bewegung bei dir? Was will jeder Arm dir sagen?

Edith: „Meine Arme suchten zuerst recht zaghaft im Raum herum. Als ich die Hände mit den Fingern dazunahm, entstanden freiere Bewegungen. Die Arme flitzten lustig, quirlig durch den Raum, die Hände vollführten einen Tanz. Die Themen waren: Fangen spielen, hin und hergehen. Die Arme waren neugierig, entdeckungsfreudig, in die Ferne, nach unbekannten Zielen greifend, fliegend, tastend".

Zu den Armen, zum Schultergürtel gehören:

Der Ausdruck, die Mitteilung, die Bewegung, der Tanz, das Gestalten, das Spielen... Das entspricht dem Zeichen Zwillinge.

Hier finden wir auch:

Das Greifen in die Ferne, nach dem Ziel, die Richtung finden. Das entspricht dem Zeichen Schütze.

Der mittlere Raum

Mit dem mittleren Raum meine ich – von vorne gesehen – den Ring, der ungefähr in der Höhe von Nabel und Brustbein unseren Rumpf umfängt. Streiche diesen Ring mit beiden Händen. Schaue ihn dabei an. Dann stellst du dir eine Kugel vor, die du im Inneren dieses Raumes kreisen läßt. Der Kreis ist zuerst groß, das Tempo langsam, sodaß du jedes Kreissegment gut wahrnehmen kannst. Mit der Zeit kannst du den Kreis der Kugel spiralig kleiner werden lassen, bis du irgendwann zu einem Zentrum gelangst.

Dann weite dieses Zentrum mit Hilfe des Atems, gerade soviel, daß die Empfindung des Zentrums nicht abreißt. Zum Schluß legst du beide Hände übereinander vorne auf den Magen, wo in der Tiefe auf der Wirbelsäule das Sonnengeflecht liegt und spürst nach.

Kathrin: „Durch das Streichen habe ich zuerst enorm Raum gewonnen, vor allem in die Breite, eine richtige Entdeckung. Die kreisende Kugel hat mir dann schnell Angst gemacht, sie wurde so schnell, daß mir fast schwindelig wurde. Ich öffnete die Augen, so ging es besser. Ich brauchte viel Sammlung, um dabei bleiben zu können und nicht wegzugehen. Mein Zentrum war verkrampft. Das Zwerchfell schmerzte. Ich mußte mich schütteln, dann konnte ich wieder etwas Raum gewinnen. Jetzt kam eine Ahnung von Kraft auf. Erst im Nachspüren war dann Stabilität, etwas wie Selbst-Vertrauen, Wärme, vielleicht Substanz, zu spüren".

Wir fassen für den mittleren Raum zusammen:

Zentrum, Kraft, Substanz, Ich-Kraft, Selbstbewußtsein, Vitalkraft... Das entspricht dem Zeichen Löwe.

Der hintere Raum

– Der Rücken

Unser eigenes Hinten ist vor allem im Rücken enthalten. Du hast es bereits etwas kennengelernt. Jetzt suchst du dir eine Partnerin.

Ihr stellt zwei Hocker zusammen und setzt euch mit den Rücken zueinander, ohne euch zu berühren. Die Füße sind fest auf der Erde, die Beine stehen etwas mehr als schulterbreit auseinander. Wenn ihr bereit seid, stellt euch auf die Begegnung miteinander ein. Langsam nähert ihr euch, offen für all die kommenden Sinneseindrücke. Eure Kreuzbeine berühren sich zuerst. Langsam überlaßt ihr es euren Rücken, wie und wo, wie intensiv oder wie sanft sie sich berühren mögen. Der Kopf darf sich ruhig einmal auf die Schulter der Partnerin legen. Manchmal lädt eine Partnerin dazu ein, die andere ganz auf ihren Rücken zu nehmen, wobei sie sich mit der Last der anderen langsam nach vorne beugt.

Es entsteht ein „Rückengespräch". Was möchtest du sagen? Was sind die Bedürfnisse deines Rückens? Wenn ihr fertig seid, trennt euch, bleibt aber in einer kleinen Entfernung voneinander sitzen, und versucht zu spüren, ob die Partnerin noch da ist, obwohl keine direkte Berührung mehr besteht.

Josef: „Mir geht es jetzt sehr gut. Ich bin weich geworden. In der Partie des oberen Rückens entstand ein heftiges, kämpferisches Thema mit Macht und Trotz. Bald merkte ich, daß mir das Heftige, Aggressive ermöglichte, mich nachher auch weich zu zeigen. Als ich mich auf den Rücken der Partnerin legte, entdeckte ich in der Halspartie und den Lendenwirbeln meinen Wunsch nach Nähe und Geborgenheit. Plötzlich war ich der kleine Josef, der sich anlehnte. Die Wärme und der Halt, die ich zum Schluß spürte, könnten noch lange andauern."

Der Rücken enthält:

Wunsch nach Ruhe, Nähe und Geborgenheit, sich einrollen, wieder klein sein, aufgehoben sein, Halt und Rückgrat haben, Rückenstärkung mit Lust und Tatendrang...

Josefs Beitrag spiegelt den Rücken als das Tierkreiszeichen Krebs. Somit dürfen wir auch Hinten mit Unten analog verbunden sehen! Aber auch Widder-Eigenschaften wie Lust, Hinausgehen, Kraft etc. entstehen aus ihm heraus.

Der vordere Raum

Findet euch zu einer Partnerübung zusammen. Die eine liegt auf einer weichen Unterlage auf dem Rücken, normal bekleidet, jedoch ohne Gürtel. Die andere Partnerin sitzt an ihrer rechten Seite. Die Sitzende stellt der Liegenden ihre Hände zur Verfügung. Sind beide bereit, legt sie der Liegenden ihre rechte Hand auf die Stelle, wo der Magen oder das Sonnengeflecht liegt. Dieses Feld bildet ein Dreieck und wird beidseitig begrenzt von den Rippen. Die untere Begrenzung bildet der Nabel.

Zuerst läßt sie die Hand mit wenig Druck ruhen. Dann kreist sie behutsam und ohne Eile im Uhrzeigersinn. Nach einer ganzen Weile, immer mit der Atembewegung gehend, gibt die Hand der Bauchdecke beim Einatmen Raum und begleitet sie beim Ausatmen. Dann nimmt sie die Hand weg.

Eine weitergehende Variante wäre: die Hand gibt beim Einatmen einen kleinen Widerstand und löst ihn wieder bei der Ausatmung.

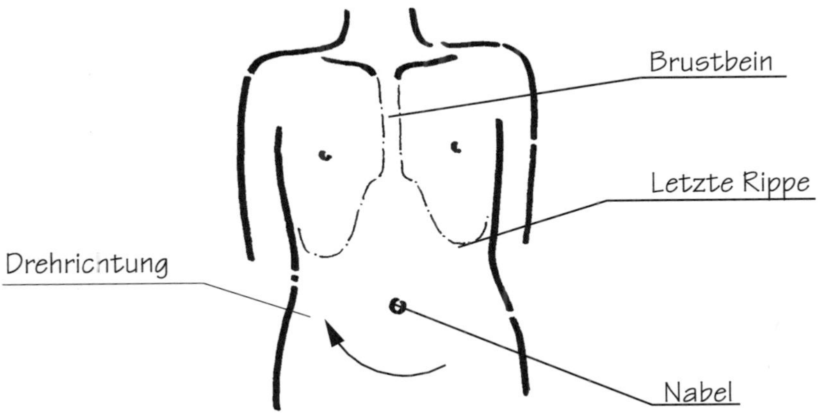

Anna: „Ich bin bei der ersten Berührung instinktiv zusammengezuckt. Ich wollte mich abwenden und diese Stelle schützen. Ich kam mir vor wie ein unterwürfiges Tier, das seinen Bauch zeigt und alle viere von sich streckt. Ein Blick auf meine Partnerin ließ mich wieder Vertrauen fassen, und wir versuchten es noch einmal. Das Kreisen ging schon besser, wenn ich mich auch immer wieder ertappte, daß ich meine Bauchdecke anspannte. Langsam konnte ich mich an die Hand gewöhnen, es entstand ein Gleichgewicht zwischen ihr und meinem Atem. Ich fand mich gefordert in meinem Persönlichsten und fühlte mich darin noch sehr schwach. Ich bin überrascht, wie wenig Kraft ich da habe. Als mich dann die Hand begleitete, ging es besser. Ich spürte, die andere läßt mir Raum, ich darf stark werden, ich darf Raum einnehmen. Jetzt wollte ich auch noch den Druck der Hand ausprobieren. Mir fiel auf, daß der Atem ja von alleine gegen die Hand kommt, ich habe Kraft, wenn ich sie zulasse! Ich fühlte mich sofort noch etwas besser. Beim Nachspüren entdeckte ich, daß da etwas entstanden war. Ich kann es aber noch nicht genau fassen."

In diesem Bericht finden wir vieles, was sich der vorderen Mitte zuordnen läßt:

Gefordert sein, sich stellen müssen, persönlich betroffen sein, sich behaupten, begegnen können, Ich-Kraft,...

Die Begriffe sind fast identisch mit denjenigen, die wir dem Löwen zuordneten. So dürfen wir aus der Erfahrung schließen, daß die vordere Mitte dem Sonnenprinzip entspricht.

Der linke und der rechte Raum

Du stehst und beginnst mit dem linken Raum. Die Hände streichen zuerst den linken Fuß, dann das ganze Bein. Danach kommt der linke Teil des Beckens dazu, die linke Rumpfseite, der linke Arm, Schulter, Hals und schließlich die linke Kopfseite. Diese Streichungen brauchen Zeit und deine ganze Präsenz. Spüre, welche Stellen noch leblos oder unbewußt sind, und wende dich diesen noch einmal zu. Dann verweilst du und sammelst die ersten Empfindungen. Laß dich nun von deiner linken Seite führen. Die rechte Seite geht mit, aber die Impulse von links sind bestimmend. Du bist für einen Moment ganz „links".

Gerhard, er ist rechtshändig: „Meine Bewegungen waren klein, zaghaft, kamen aber tief von innen her. Auch als sie weiter wurden, blieben sie immer noch weich, künstlerisch, rund, ausgeglichen und die ganze Zeit an mich angeschlossen. Es wurde mir klar, daß ich die linke Seite noch nicht gut genug kenne. Für mich ist sie meine weibliche Seite".

Jetzt versuche dich mit der rechten Seite. Du machst sie entsprechend ihrer größeren Kraft mit festerem Klopfen und Durchkneten der Muskulatur wach. Halte deine Handgelenke locker und weich, laß keine Eile aufkommen.

Nun ist Rechts in der Bewegung führend und bestimmend.

Gerhard: „Die vertrauten Bewegungsmuster entstanden: forsch, aktiv, sehr nach außen gerichtet. Was kostet die Welt, drauf und los. Hier fühle ich mich stark, das ist die verläßliche Seite, da soll mal einer kommen. Es entstanden zupackende Bewegungen, sie schienen mir richtungsweisend, klar und direkt."

Links der Mond, rechts die Sonne, wären unsere Erfahrungen. Für Linkshänder sind die Erfahrungen umgekehrt. Diejenigen, die ihre beiden Seiten gleich gut entwickelt haben, können beide Qualitäten in beiden Armen finden.

Die inneren Organe

Eine Fundgrube für astrologisches Erfahrungswissen ist die Spür- und Empfindungsarbeit mit den inneren Organen. Diese erfordert Geduld und Hinwendung zu sich selbst. Sie wendet sich sicherlich eher an Menschen, die bereits Erfahrungen mit Körperarbeit haben. Wenn du diese Übungen also als Überforderung empfindest, laß sie einfach weg. Wenn du dich auf die Übungen einläßt, mache dir klar, daß durch das bewußte Erfahren der Organe diese in ihren Vorgängen zunächst gestört werden. Und akzeptiere auch, daß es am Anfang eine Differenz geben kann und geben wird zwischen deiner Erfahrung und der astrotheoretischen Zuordnung. Verlaß dich auf dich und mache die Übungen wieder und wieder. Gerade die Spannung zwischen eigener Erfahrung und dem Prinzip des entsprechenden Organs kann dich eine Menge über dich lehren.

In unseren Organen findet sich archetypische Energie, die uns weiter an unsere Tiefe anschließt, auch wenn das nicht sofort offensichtlich ist.

Die Berichte stammen wieder aus einer Gruppenarbeit. Wir widmen unsere Aufmerksamkeit hier dem Organring (und dem Skelett), weil die an ihm beteiligten Organe physiologisch spürbar und empfindungsfähig sind.

Nachfolgend ein Lageplan der Organe:

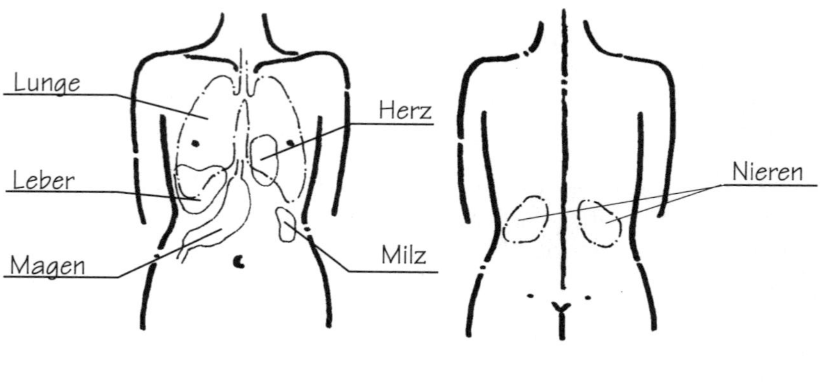

Das Herz

Diese Übung ist für Menschen mit Herz-Kreislaufproblemen nicht geeignet!

Wir sitzen auf einem Hocker und richten uns so ein, daß wir für einige Zeit in derselben Stellung verweilen können. Ein aufgerichtetes, bewegliches Becken mit einer hin- und herschwingenden Wirbelsäule und zwei Beine, die mit den Füßen einen dichten Kontakt zum Boden haben, helfen uns dabei. Wir brauchen die Augen nicht, wenden uns mit unserem „inneren Auge" – der Sammlung – unserem Herzen zu. Um uns die Sammlung zu erleichtern, bedecken wir unser Herz schützend mit unseren Händen. Diese legen wir wie zwei Schalen übereinander unterhalb des Herzens links vom Brustbein. Wir versuchen zu spüren, was unsere Aufmerksamkeit anzieht.

Später suchen wir die Konturen des Herzens. Achte darauf, daß du nicht mit der Vorstellung des Herzens arbeitest, sondern nur mit dem, was du wirklich unter deinen Händen emfindest. Langsam kann eine Form entstehen. Nimm wahr, was du spürst, egal was es ist.

Astrid: „Zuerst mein Herzschlag, fast bin ich ein wenig erschrocken. Dieses ewige, gleichmäßige Pochen. Was passiert, wenn es einmal aufhört? Gleich ist es schneller geworden. Ich verdränge den Gedanken. Die Konturen wollen nicht deutlich werden. Es fühlt sich faserig, muskulär an, ist warm, stark, strahlend und trocken."

Wir finden weitere Assoziationen zur Qualität des Herzens:

Herzenswärme, Herzensgüte, ein gebrochenes Herz, Herzleid, Kreislauf, Puls des ewigen Lebens, zehrt sich auf wie die Sonne, strömt, hat Kraft aus sich selbst, Vitalität...

Der Magen

Wir legen unsere beiden Hände auf den Magen. Er beginnt etwa dort, wo das Brustbein endet, geht leicht nach rechts unten, größer oder kleiner, je nachdem, ob er leer oder voll ist. Wieder spüren wir in uns hinein, versuchen die Konturen des Magens zu erspüren, dann sein Inneres.

Kathrin: „Mein Magen fühlt sich weich, fast schlaff an. Er scheint eine dünne Haut, bzw. Wand zu haben. Wie ein wässeriger, warmer Sack kommt er mir vor. Er drückt ja auch nur, wenn er voll, zu voll ist, sonst spüre ich wenig."

Zum Magen tragen wir zusammen:

Muskulär, kräftig, dehnbar, ausweitbar, nachgiebig, empfindlich, Höhle, Eingang, paßt sich an, weich, wässrig, verschlingt, spuckt aus, zersetzt mit Säure...

Die Leber

Anatomisch liegt die Leber mit einem großen Teil unter den letzten Rippen des rechten Brustkorbes verborgen, ein Teil nur ist unter der weichen Bauchwand zu ertasten. Auch hier legen wir beide Hände mit den Handflächen auf die Leber und spüren hinein. Wir suchen nach Kontur, Raum und Qualität.

Gerhard: „Wie ein schwerer, großer, heißer Schwamm, triefend gefüllt, kommt sie mir vor. Die Konturen sind schwierig zu spüren. Prall und wässrig, wie ein gefüllter Plastiksack kommt die Leber mir vor. Die Farbe Rot paßt zu ihr."

Assoziationen zur Leber:

Blutreinigung, Blutvorrat, weit und voll, reichlich...

Die Milz

Die Milz kennen wir höchstens vom „Seitenstechen". Jetzt wenden wir uns ihr mit beiden Händen zu. Sie befindet sich unterhalb des linken Brustkorbes, verläuft schräg nach außen. Wir brauchen eine ganze Weile, bis wir die Konturen ahnen können, bis sie Gestalt erhält und auch etwas von ihrer Qualität verrät.

Anna: „Sie fühlt sich wie eine schmale Wurst an. Ihre Konsistenz ist fest, kompakt, spitz, trocken, dicht, hell und strahlend. Ich habe die Farbe gelb gesehen."

Die Lunge

Physiologisch gesehen kann man die Lunge nicht spüren, solange keine Schmerzempfindungen da sind. Über die durch die Atembewegung verursachten Bewegungen der sie umgebenden Muskulatur ist aber eine Projektion ihrer selbst möglich. Zuerst reiben wir uns den Brustkorb (Thorax) mit den Handflächen vorne und hinten, soweit möglich. Dann sammeln wir uns auf den Innenraum des Thorax und versuchen, die Begrenzungen der Lunge zu empfinden. Die Atembewegung läßt durch den Druck, den sie auf die Rippen ausübt, schnell ein Raumempfinden entstehen. Danach spüren wir in den Innenraum hinein.

Josef: „Ein Luftballon, der langsam prall wird und wieder zusammensackt. Leicht, luftig und leer ist er. Die Bewegung ist im Vordergrund, wie ein Schwingen, in dem Belastung, Entlastung und Ruhe sind. Der Inhalt ist fein, wie Seidenpapier."

Eigenschaften der Lunge:

Weit und eng, seidig, bewegt, gespannt und hängend...

Die Nieren

Leicht vornübergebeugt erreichen wir die Nieren mit den Händen am besten. Die Handflächen passen gut auf die Stellen auf den letzten Rippen im Übergang zu den weichen Lenden im Rücken. Ein kräftiges Streichen macht die Stellen bewußter. Ganz gesammelt horchen wir in unseren Körper.

Edith: „Meine Nieren fühlen sich warm und wässrig an. Weich, verletzlich und schutzbedürftig. Sie sind aber auch Hintergrund, bieten Halt und Sicherheit."

– Die Nieren führen und bewegen uns

Im Kontakt mit den Nieren, lassen wir uns langsam durch sie bewegen. Wir lassen die Bewegung größer werden, bis sie deutlich und raumfüllend wird. Ein bestimmtes Thema will dabei aus den Bewegungen entstehen. Welches ist es?

Edith: „Meine Bewegungen waren stets fließend, weich und rund. Das Becken drehte sich immer wieder seitlich in die Lenden hinein. Ich merkte, daß ich wie ein Modell auf dem Laufsteg ging, und ein Anflug von Scham zog über mein Gesicht. Bald jedoch überwog die Lust, anziehend zu sein, andere auf mich aufmerksam zu machen, eine erotische Energie zu spüren, die mir so unverschämt Spaß machte. Ich glaube, ich habe meine Venus entdeckt!"

Die Knochen – Das Skelett

Die Knochen treten nur in unser Bewußtsein, wenn wir uns stoßen oder wenn sie brechen. Sie lassen sich erfahren wie die Organe. Dazu eine Übung:

– Die Knochen klingen lassen

Die Fingerkuppen lassen sich wie die kleinen Hämmerchen eines Klaviers benutzen. Im Sitzen beklopfen wir zuerst den großen Zeh von der Zehspitze zum -gelenk, dann die anderen vier Zehen.

Mit allen Fingerkuppen beklopfen wir dann die vielen Knochen des Mittelfußes. Über die Ferse und das Sprungbein kommen wir zum Fußgelenk, das wir von den Seiten her beklopfen. Danach geht es langsam über das Schienbein bis zum Knie.

Wenn du den richtigen Anschlag gefunden hast, klingen deine Knochen! Wir beklopfen die Kniescheibe sowie das seitliche Kniegelenk und gehen dann über zum Oberschenkelknochen, der, versteckt unter Muskulatur, mehr Anschlagstärke fordert. Falls wir bis jetzt nur ein Bein bearbeitet haben, nehmen wir auch das andere dran. Auf der Höhe des Beckens können wir seitlich die Trochanter, die Übergange in den Oberschenkelhals, anklopfen. Etwas höher finden wir, immer noch seitlich, den Beckenkamm. Vorne ist das Schambein. Im Stehen müssen wir mit kräftigen Fäusten die Sitzknochen hinter der Po-Muskulatur anstoßen, um sie zu erreichen. Hinten können wir, auf Höhe der Hüften, zur Mitte hin klopfend, das Kreuzbein und in der Tiefe der Po-Falte das Steißbein finden. Haben wir alle Knochen des unteren Raumes beklopft, gönnen wir uns eine Pause.

Danach klopfen wir die Wirbelsäule vom Kreuzbein bis nach oben. Über die einzelnen Wirbel können wir an den Rippen entlang bis zum Brustbein nach vorne kommen, Rippe für Rippe. Solange wie möglich tun wir dies mit beiden Händen, dann abwechselnd, einmal mit der linken Hand, dann wieder mit der rechten. Jetzt klopfen wir die Schultern, folgen den Schlüsselbeinen nach unten bis zum Brustbein, das wir ausgiebig, seiner ganzen Länge nach bearbeiten.

Jetzt können wir den Oberarmknochen bis zu den Ellebogen folgen. Dieses Gelenk umkreisen wir sanfter klopfend. Die Unterarmknochen, einmal Elle, einmal Speiche, führen uns zum Handgelenk. Die Knochen des Handtellers erreichen wir von oben. Hier können wir den Knochen der einzelnen Glieder bereits folgen. Später sind alle Fingerglieder dran. Nachdem beide Arme fertig sind, ruhen wir aus.

Von oben über die Schulter greifend, können wir die obersten Wirbel der Brustwirbelsäule erreichen, folgen ihnen über die

Halswirbelsäule bis zum Schädelrand. Mit beiden Fingerkuppen klopfen wir den ganzen Hinterkopf, dann über die Kopfseiten auch vorne und kommen dann, viel sanfter, bei der Schädeldecke an. Wir kommen zur Ruhe und nehmen uns viel Zeit zum Nachspüren.

Mit der Übung geht es darum, die Qualität der Knochen zu spüren, sie bewußt zu erfahren.

Peter: „Ich fühle mich so leicht wie nie und trotzdem ausgerichtet. Ich habe Halt von innen her. Die Knochen nehme ich als spröde, hart, trocken und licht wahr. Auf den Knochen ist eine warme Haut. Manchmal erinnerten mich die langen Knochen an Klangstäbe. Sie fühlen sich auch hohl an. Ich wußte nicht, daß ich so klingen kann. Das ganze Skelett gibt mir jetzt eine unerhörte Struktur, ich bin fest und gleichzeitig leicht."

Nun können wir herausfinden, welchem Symbol die Knochen entsprechen, indem wir uns vom Skelett bewegen und führen lassen.

Peter: „Es entstanden vor allem gerichtete Bewegungen von einer beeindruckenden Eindeutigkeit und Klarheit ohne jedes Zögern. Ich fühlte mich sehr gebündelt, empfand wenig Erdenschwere und wenig Geborgenheit. Die Bewegungen erinnerten mich an die Erfahrung des Kreuzes."

Die astrologischen Zuordnungen der Organe

Durch die genannten Beispiele ist es hoffentlich zum Teil möglich geworden, in den Organen Aspekte der Qualität der Planeten und Tiekreiszeichen zu entdecken. Die Erfahrungen lassen sich nun astrologisch zuordnen bzw. übersetzen.

Das *Herz* entspricht – das war leicht zu entdecken – dem Zeichen Löwe und der Sonne.

Der *Magen* entspricht dem Zeichen Krebs und dem Mond.

Die *Leber* entspricht dem Zeichen Schütze und dem Jupiter.

Die *Milz* hat Bezüge zu Saturn und dem Merkur der Jungfrau.

Die *Lunge* entspricht dem Zeichen Zwillinge und dem Merkur. Es lassen sich auch Bezüge zum Zeichen Fische finden.

Die *Nieren,* das entdeckte die Teilnehmerin im o.a. Beispiel, entspricht hier der Venus des Stieres, hat auch Bezüge zum Zeichen Skorpion als Ausscheidungsorgan, sowie zum Zeichen Fische als verletzliche, gefühlshafte Lendenregion.

Die *Knochen* schließlich spiegeln die Qualität vom Zeichen Steinbock und Saturn.

Beziehungsqualitäten – Die astrologischen Aspekte

In der Astrologie werden die verschiedenen Winkel, die die einzelnen Planeten, auf die Ekliptik projiziert, miteinander bilden, Aspekte genannt. Am einfachsten können wir sie erleben, wenn wir sie in die verschiedenen Formen einer Partnerbeziehung übersetzen.

Die Konjunktion, der 0 Gradwinkel

Stehen sich zwei Planeten auf der Ekliptik sehr nah, bilden sie, astrologisch gesehen, eine Konjunktion. (Im Horoskop wird diese Winkelbeziehung mit Orange eingezeichnet.)

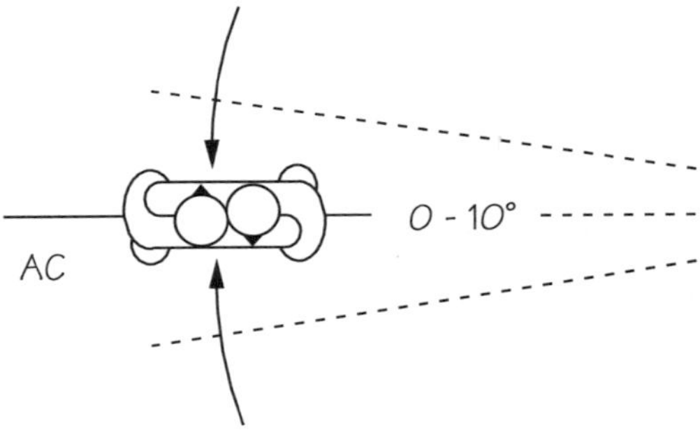

Wir wählen eine uns vertraute Partnerin. Wir stellen uns ca. 2–3 Meter entfernt voneinander gegenüber auf. Wir suchen die Distanz, in der wir uns beide wohlfühlen. Dann gehen wir langsam aufeinander zu, öffnen die Arme, umarmen die andere und lassen uns umarmen. Die Köpfe legen wir einander auf die Schulter. Wir versuchen, trotz unserer Kleidung soviel Hautkontakt wie möglich mit der anderen herzustellen. Wir verbleiben so eine ganze Weile und nehmen unsere Empfindungen und Gefühle bewußt wahr. Dann legen wir den Kopf auf die andere Schulter. Wenn wir satt sind, oder wenn wir uns aus irgendeinem Grunde nicht mehr wohl fühlen, lösen wir uns voneinander, gehen wieder langsam rückwärts zu unseren Ausgangspositionen.

Diese Übung läßt sich erweitern. Dazu brauchen wir einen weichen Untergrund: Decken oder Matratzen. Wenn wir unsere Partnerin stehend umarmt haben, lassen wir uns langsam auf den Boden gleiten, bis wir im Schneidersitz sitzen. Nach der Umarmung im Sitzen, legen wir uns langsam – uns zugewandt und seitlich – zusammen hin. Hier lassen wir uns Zeit, bis der Impuls entsteht, sich zu trennen. Wir verständigen uns, ohne zu reden und drehen uns langsam voneinander weg, vielleicht fünf oder sechs Umdrehungen, bis wir, auf dem Rücken liegend, wieder ganz für uns sind.

Für Übungen mit so viel Nähe ist der rituelle Charakter wichtig. Hier geht es nicht um persönliche Gefühle, sondern um die Erfahrung des Prinzips Konjunktion. Wir müssen u.U. darauf verzichten, unseren eigenen Wünschen und Abneigungen nachzugeben. Auch die exakte Ausführung der Übung, d.h. aller Bewegungen und ihre Verlangsamung, sind Vorbedingung, damit wir alles möglichst bewußt wahrnehmen können. Unsere gegenseitige Achtung können wir ausdrücken, indem wir uns nach dem Abschluß der Übungen kurz voreinander verneigen.

Eva: „Zuerst spürte ich meine Vorbehalte. So etwas macht man doch nicht mit irgendeiner Frau. Dann merkte ich, daß ich Angst hatte, mich aufzugeben, mich zu verlieren. Beim Gehen spürte ich mein Herzklopfen. Dann durchströmte mich ein Gefühl von Vorfreude. Der Moment der vielen Berührungen überall. Wie von Sinnen, ein kurzes Aufflackern von erotischen Bildern, dann wieder Eintauchen in die reine Empfindung, die immer weniger wurde. Plötzlich konnte ich die andere nicht mehr als Ganze erkennen, alles verschwamm, ich schwamm, nein, wir schwammen zusammen in einer Art Meer mit einem ozeanischen Gefühl. Ich fühlte mich geborgen, restlos aufgehoben, alles war gut. Zum Schluß konnte ich mir vorstellen, daß es mit der Zeit keine Rolle mehr spielt, wen ich umarme, nur umarmen und selber umarmt sein. Ich meinte, nicht mehr aus diesem Zustand herauszuwollen. Doch plötzlich hatte ich genug, war froh, wieder ich selbst zu sein, mich wieder zu spüren.“

In der Nachlese fassen wir Merkmale der Konjunktion zusammen:
Verschmelzen, Konturen verschwimmen, ganz geborgen sein, zusammen sein, Selbstaufgabe...

Die Konjunktion entspricht dem Prinzip der SYMBIOSE.

Die Opposition, der 180 Gradwinkel

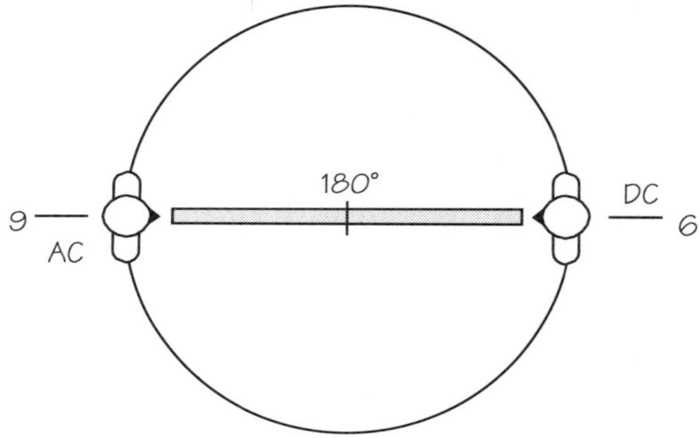

Die Opposition

Bei jedem Vollmond stehen sich Sonne und Mond im Tierkreis genau gegenüber, bilden also einen Winkel von 180 Grad. Dieses Gegenüberstehen zweier Planeten, das einer frontalen Begegnung zweier Menschen entspricht, wird Opposition genannt. Im Horoskop werden die in Opposition stehenden Planeten mit einer roten Linie verbunden.

Wir nehmen mit unseren Füßen einen festen Stand auf dem Boden ein. Mit unserer Partnerin suchen wir die für uns stimmige Distanz und stellen uns im entsprechenden Abstand auf. Wir werden es schnell bemerken, wenn die Distanz stimmt. Wir erinnern uns an die Erfahrung des Vorne und achten bewußt auf die ganze Vorderseite unseres Körpers. So kann die Begegnung auch mit den Beinen, dem Becken und dem ganzen Oberkörper stattfinden. Auf ein Zeichen schließen wir die Augen und versuchen zu spüren, was uns von der anderen entgegenkommt.

Nach einiger Zeit des Spürens öffnen wir die Augen wieder. Wir arbeiten mit dem stimmigen Abstand zwischen uns beiden und spielen damit, kommen uns einmal näher, entfernen uns, kommen wieder näher, jedoch nie zusammen! Es wird sich etwas Eigenes daraus entwickeln.

Ingo: „Als wir die Augen geschlossen hatten, war mir die Partnerin verloren gegangen. Ich mußte näher treten. Jetzt nahm ich ihre Nähe als Wärme wahr und mußte im ersten Moment ein wenig zurückweichen. Dann wurde ich sicherer und traute mich wieder mehr. Ich spürte meine Lust, selbst auch stark zu sein. Ich hätte es mit geschlossenen Augen dann nicht mehr lange ausgehalten. Sie wollten sich einfach öffnen. Fast im selben Moment schaute mich meine Partnerin an. Diese Nähe stimmte jetzt nicht mehr. Wir beide wichen voreinander zurück, mußten die Distanz neu finden. Bald kam meine Partnerin auf mich zu, und ich mußte reagieren. Ein gespanntes Band bildete sich zwischen uns. Aktion und Reaktion wie bei einem Kampf. Fechten oder Boxen fällt mir dazu ein. Mir wurde richtig warm, ich war die ganze Zeit wach und präsent. Gegen Schluß wurde es mir zu anstrengend, ich wollte ausbrechen, das ging jedoch nicht. Erst, als meine Partnerin auch aufhörte, konnte ich mich lösen."

Die grundlegenden Prinzipien:

Spannung, Abstand halten, die andere und ihre Reaktionen immer sehen können, auf jede Bewegung reagieren müssen, energiereich, wachmachend, anstrengend, tonuserhöhend, läßt einen nicht in Ruhe, sich stellen, sich zeigen, „Spiegelung", genau hinschauen.....

Was verlangt die Opposition?

Beide Pole müssen berücksichtigt, d.h. eine Beziehung muß aufgenommen werden. Es ist nötig, in die Spannung hineinzugehen. Wir können sie variieren, mit ihr spielen, können (liebevoll) kämpfen. Ebenso nötig ist, die Begegnung klar zu beenden, d.h. aus der Spannung herauszugehen.

Die Opposition entspricht dem Prinzip der BEGEGNUNG, KONFRONTATION.

Das Quadrat, der 90 Gradwinkel

Wir stellen uns am Boden einen Kreis vor. Beide Partnerinnen stehen darauf und blicken zum Zentrum des Kreises. Dann suchen wir in diesem Kreis den rechten Winkel zueinander. Diese Verbindungslinie, Quadrat genannt, wird im Horoskop ebenfalls mit Rot eingezeichnet.

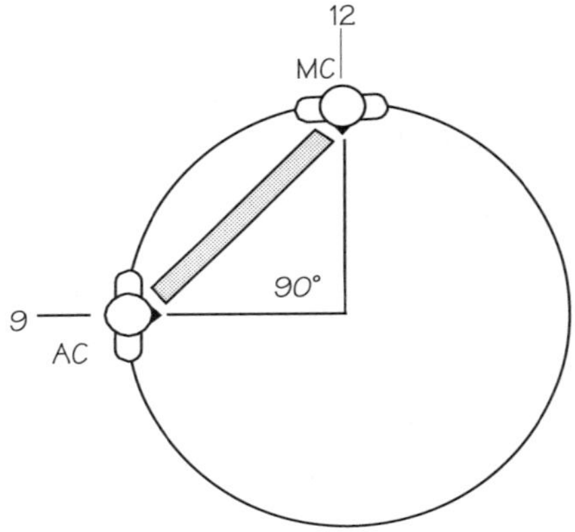

Das Quadrat

Den Abstand zwischen uns variieren wir, indem wir die Größe des Kreisradius verändern. Es kommt jetzt darauf an, daß wir den Kopf während der ganzen Übung immer gerade halten. So nehmen wir die Qualität dieser Beziehungsform wahr. Etwas später können wir durchaus auch unseren gemeinsamen Standort wechseln, wobei wir die Stellung zueinander beibehalten.

Emil: „Unangenehm, ich konnte es schlecht aushalten. Dieses schräg von der Seite kommen, nie genau wissen, was auf mich zukommt und wie es auf mich zukommt. Es regte mich auf, machte mich unruhig und aggressiv. Ich hatte Lust, dreinzuschlagen. Fast immer wollte ich den Kopf wenden, um die Partnerin besser sehen zu können. Selbst mit dem Kopf geradeaus hatte ich die Augen ständig schräg zur Seite. Ich wußte nie, woran ich war, mußte ständig aufpassen, auf der Hut sein. Ich war froh, als es zu Ende war."

Die Beziehungsform des Quadrats ist:

unruhigmachend, störend, aufwühlend, durcheinanderbringend, verunsichernd, kein direkter Kontakt, wahrnehmen, aber nicht fassen können, aggressiv, mißtrauisch, lähmend, hoher Energieumsatz, bewegt, gibt Antrieb...

Was verlangt das Quadrat?

Es verlangt, sich ständig in Bewegung zu halten, genau hinzusehen und hinzuspüren. Es verlangt ungeheuer viel Wachheit.
Das Quadrat entspricht dem Prinzip der STÖRUNG.

Das Trigon, der 120 Gradwinkel

Diesmal zeichnen wir einen Kreis mit Kreide auf den Boden. Eine Markierung wäre zum Beispiel 9 Uhr, die zweite 1 Uhr. Diese Verbindung, das Trigon, wird im Horoskop mit Blau eingezeichnet. Jetzt stellen sich zwei Personen auf je eine Markierung und richten ihren Blick auf den Mittelpunkt des Kreises. Von dieser Stellung aus nehmen sie wahr, erforschen sich und den Bezug zur anderen.

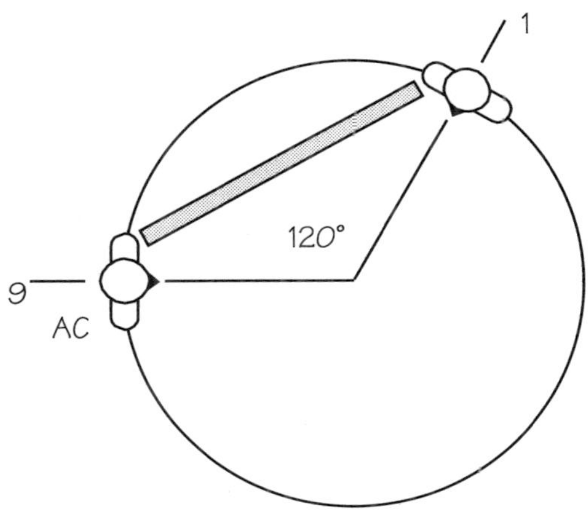

Das Trigon

Irene: „Ich meinte zuerst, da gäbe es gar nichts zu spüren. Es war einfach nichts, irgendwie langweilig. Die Partnerin war zu weit weg, nichts Klares entstand. Als ich mir Zeit ließ, kam in mir ein Gefühl von weicher Ordnung oder Stimmigkeit hoch. Übereinstimmung, einverstanden sein miteinander, Team. Daraus entstand das Gefühl, daß uns etwas fehlte, in unserem Kreis, es kam mir vor, wie wenn er noch ein Loch hätte. Da hätte ich es gerne gehabt, wenn ein Dritter dazugekommen wäre. Irgendwie war das ein Muß."

Versucht es einmal zu dritt, dann stellt ihr ein „großes Trigon" dar. Entsprechend müßte der dritte Partner auf 5 Uhr stehen.

Die Erfahrung läßt sich beschreiben mit:
ausgewogen, bezogen, miteinander, fließend, hin und her, perfekt, spannungslos, träge...

Das Trigon entspricht dem Prinzip der HARMONIE.

Das Sextil, der 60 Gradwinkel

Einen Abstand von 60 Grad erhalten wir, wenn wir auf unserem Kreis z.B. 9 Uhr und 11 Uhr anzeigen. Im Horoskop zeichnet man diese Verbindung zwischen zwei Planten, Sextil genannt, mit Blau ein.

Wieder stellen wir uns mit dem Gesicht zur Mitte des Kreises. Stellen sich alle im gleichen Abstand auf, können max. sechs Personen an der Übung teilnehmen. Wichtig wird dann, zuerst nur zwei beieinanderstehende „Nachbarn" in die Erfahrung einzubeziehen, später dann die ganze Figur.

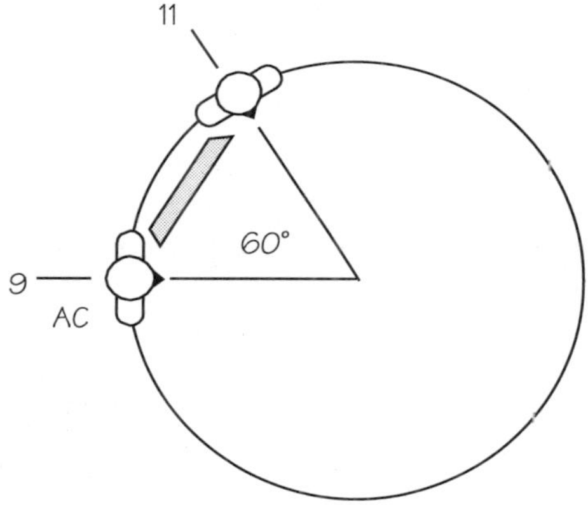

Das Sextil

Anna: „Ich empfand meine beiden Nachbarn als dazugehörend, als ob wir fast gleich wären. Die Verständigung lief irgendwie zu selbstverständlich, es kam mir das Wort Opportunismus. Die Qualität ist bestimmt nicht konflikthaft, eher zu lau. Man und Wir, gleich klopfen wir uns bestätigend und gegenseitig zustimmend auf die Schultern, Gesangsverein..."

Wir bezeichnen die Qualität dieser Beziehung:

Fließend, lasch, instinktiv, natürlich, normal, geschwisterlich, ausgleichend....

Das Sextil entspricht dem Prinzip der ÜBEREINSTIMMUNG.

Das Quincunx, der 150 Gradwinkel

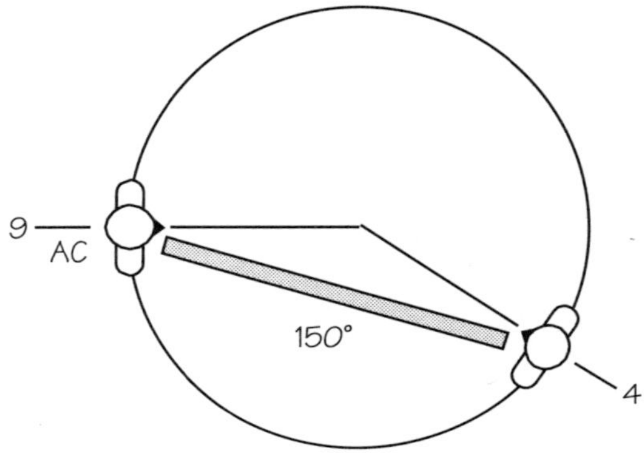

Das Quincunx

Im Horoskop wird dieser Aspekt mit der Farbe Grün eingezeichnet. Im Kreis gelten nun z.B. die Positionen 9 Uhr und 4 Uhr. Wir gestalten diesen Aspekt zunächst zu zweit. Vergeßt die auf den Mittelpunkt gerichtete Kopfposition nicht.

Peter: „Die Partnerin kam mir ständig wieder ins Gesichtsfeld. Ich konnte sie nicht ignorieren, war aber auch nicht direkt mit ihr konfrontiert. Ich hatte den Impuls, sie aus dem Kreis wegzuschicken, sie anzusprechen, dann wollte ich sie einfach überheblich übergehen, nicht ernst nehmen. Mit ihr wirklich in Kontakt zu kommen, fand ich problematisch."

Wir fassen zusammen:

Verunsichernd, aufreizend, aufstachelnd, keine wirkliche Begegnung, dauernde halbbewußte Aufforderung, schwierig im Kontakt zu bleiben, Suchscheinwerfer, der immer wieder darüber fährt, das Gesuchte blinkt auf, verschwindet wieder, die Energie schießt schnell auf, fällt ebenso schnell wieder zusammen, Strohfeuer...

Wenn wir diesen Winkel mit drei Personen bilden, erhalten wir die Aspektfigur eines „Stachels". Dabei ist die Position derjenigen, die auf der Stachelspitze steht, dem doppelten Reiz besonders ausgesetzt.

Das Quincunx entspricht dem Prinzip des REIZES.

Das Halbsextil, der 30 Gradwinkel

Wir stellen uns jetzt auf 9 und 10 Uhr. Je nach gewählter Kreisgröße kommen wir uns ganz schön nah. Im Horoskop wird diese Verbindung zweier Planeten mit der Farbe Grün eingezeichnet.

Edith: „Ich hatte schnell Lust, meine Nachbarin mit der Schulter zu streifen, gerade so, wie wenn ich in der Menge mit jemandem zufällig zusammenstoße. Ich schaute dann zurück, aber nur kurz, es war nicht so wichtig, ich wollte weiter. Ich sah die Partnerin fast nicht mehr."

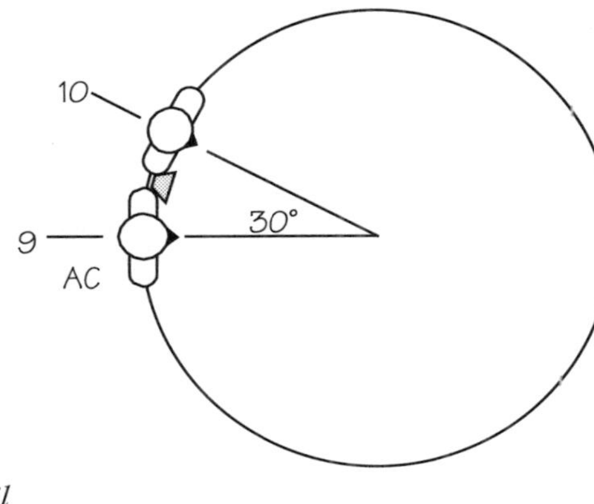

Das Halbsextil

Merkmale des Halbsextils sind:
Leichter, kleiner Hinweis, halbbewußte Aufforderung, kleine Erschütterung, Fingerzeig,...

Mich erinnert die Energie des Halbsextils an ein Kinderspiel, das wir machten, als ich ca. 10 Jahre alt war. Wir foppten und ärgerten uns gegenseitig „en passent", im Vorbeigehen mit allerlei kleinen

Anstößen und Stupsern. Ein kleiner Puff hier, ein Ziehen am Ohrläppchen da, ein sanfter Tritt dort, den wir so schnell austeilten, daß wir unbemerkt bleiben konnten, verschwanden, um an anderer Stelle weiterzumachen.

Das Halbsextil entspricht dem Prinzip des ANSTOSSES.

Die Zuordnung der Aspekte zu den Planeten

Wer mit der astrologischen Symbolsprache schon vertrauter ist, könnte jetzt die beschriebenen Begegnungsformen Planeten zuordnen.

Symbiose/Konjunktion	Mond/Neptun
Begegnung/Opposition	Saturn/Mars
Störung/Quadrat	Mars
Harmonie/Trigon	Jupiter
Übereinstimmung/Sextil	Venus
Reiz/Quincunx	Uranus
Anstoß/Halbsextil	Merkur

Wir erstellen unser Horoskop selbst

Seinen eigenen Platz finden

In der Begrüßungsrunde zu einem Wochenend-Workshop nennen eine ganze Reihe von Teilnehmerinnen als Grund für ihr Kommen: „Ich bin so orientierungslos, ich weiß nicht, wie es mit mir weitergehen soll." Bei einigen betrifft das den Beruf, bei anderen die Familie oder den ganz persönlichen, inneren Weg.

Nachdem sich alle vorgestellt haben, strecken und dehnen wir unsere Körper kräftig. Wir bewegen uns frei im Raum, nehmen ihn in Besitz. Wir überlassen uns dem Raum und seiner Wirkung. Zunächst sind wir noch abgelenkt von den anderen, dann kommen wir immer mehr zu uns selbst. Wir erkunden den Boden mit den Füßen, prüfen seine Festigkeit, lassen die Hände über die Wände streichen, nehmen Licht und Dunkelheit wahr, gleiten mit den Augen über die Decke.

Dann sammeln sich die Teilnehmerinnen in ihrem Innenraum, finden in sich ihr Zentrum. In derselben Zeit markiere ich als Leiter den Mittelpunkt des Zimmers. Die Teilnehmerinnen stehen auf und schließen die Augen. Nun sucht jede ihren Platz in diesem Raum. Ohne Nachdenken lassen sie sich aus ihrem inneren Zentrum heraus führen. Nach mehrmaligem Ausprobieren setzen sich die ersten und spüren nach, ob der gewählte Platz für sie auch stimmt. Einige versuchen es erneut, kommen an einem anderen Platz an.

Nun zeichnet jede ihren gefundenen Platz im Raum auf ein Blatt Papier. Es wird nicht gesprochen. Zudem zeichnet jede einen Kreis auf das Blatt, der es ganz ausfüllt. Mit einer Linie, die den gefundenen Ort mit dem Mittelpunkt verbindet, projiziert jede den eigenen Ort auf den eingezeichneten Kreis. Dann bestimmt jede, wo für sie auf dem Blatt, analog zum Raum, oben und unten ist. Wenn wir annehmen, daß für die meisten oben dort ist, wo das Licht herkommt, sieht das Resultat für diesen Raum so aus:

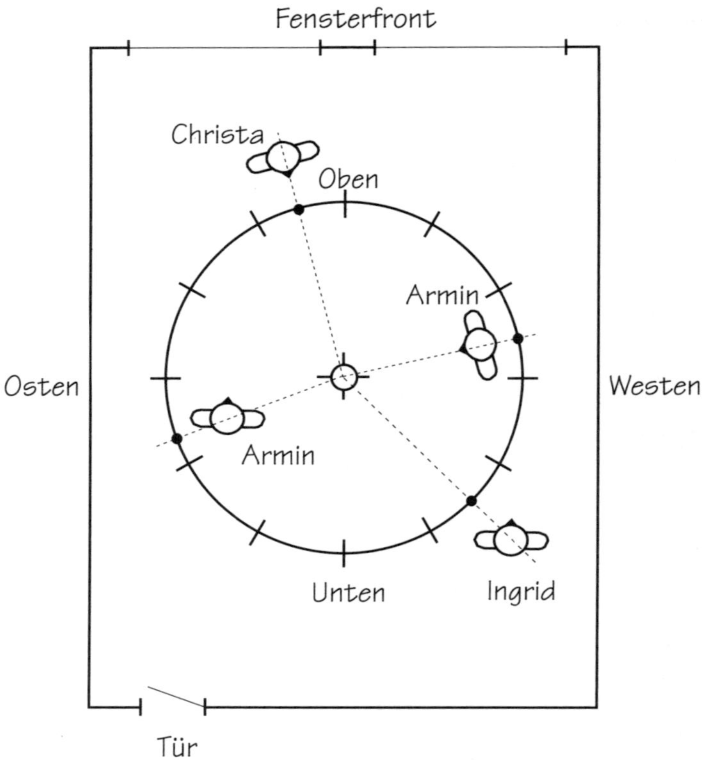

Damit haben wir auf eine Art ein aktuelles Einfach-Horoskop ***selbst*** *erstellt. Wir brauchen dazu keine Tabelle, kein astrologisches Wissen. (Versuche es selbst im größten Raum, der dir zur Verfügung steht.)*

In der folgenden Gesprächsrunde stellt sich jede auf ihrem gefundenen Platz vor.

Ingrid:	„Ich bin unten rechts."
Christa:	„Mein Platz ist oben, links vom höchsten Punkt."
Armin:	„Ich bin rechts, etwas oberhalb der Mitte, aber auch links leicht unterhalb der Mitte."

Jetzt wird die Neugier groß, einige haben bereits ihr Horoskop geholt. Also nehmen wir alle unser Geburtshoroskop und legen es neben unsere Zeichnung.

Bei Ingrid steht unten rechts auf dem Kreis, dort, wo sie ihren Platz gefunden hat, der Planet Saturn. Für sie, die sie den Symbolgehalt von Saturn und die Bedeutung des Ortes (5. Haus), bereits kennt, ist das ein Aha-Erlebnis. Aus ihr platzt es heraus: „Im Moment ist mir alles zuviel, alles geht so schwer, alles muß ich mir erarbeiten, wann fällt mir einmal etwas in den Schoß?"

Christa, die keine Astrologiekenntnisse hat, frage ich, was für ein Bild sie mit „oben sein" verbindet. Ganz spontan antwortet sie: „Ich bin oben auf einem verschneiten Berg, ich friere etwas, sehe die grünen Felder unten. Ich möchte gerne hinunter in die Wärme, zu den Menschen." Das Horoskop macht ihr hier bewußt, daß sie sich im Moment auf ihrem Mond, „hoch oben" befindet und sich nach der unten etwas rechts liegenden Venus sehnt. Die beiden Planeten sind durch einen Quincunx-Aspekt verbunden.

Armin: „Ich konnte mich für keinen Ort entscheiden, mußte ständig hin und hergehen. Kein Platz stimmte. Genauso fühle ich mich zur Zeit in meinen Beziehungen. Ich möchte gerne dahin kommen, daß ich mich in einer Beziehung wohlfühle, werde aber immer wieder unruhig und breche den Kontakt ab." Wir fühlen Armins Anspannung, seine Unruhe und seine Trauer. Ein Blick auf das Geburtshoroskop läßt uns seinen Konflikt verstehen. Rechts in der Mitte finden wir seinen Uranus, der mit einer Opposition, also mit einer roten Linie mit dem links stehenden Mond verbunden ist.

Wir haben mit dieser Arbeit unseren aktuellen Standort gefunden.

Man könnte mit dem entstandenen Material nun weitere Erfahrungen machen. Die Bilder, beziehungsweise die innerseelischen Spannungen ließen sich mit einem kreativen Medium verdeutlichen (Siehe das Kapitel 'Die Gestaltung des Horoskops', Seite 104). Um aber in Kontakt mit sich zu kommen, als Einleitung, können wir die Erfahrung auch so stehen lassen. Wir wissen jetzt, wo wir sind.

Das Kreisen der Arme – die weisen Gelenke

Wenn wir erfahren, daß wir das Horoskop aus uns selber heraus finden können, wächst das Vertrauen in die erfahrbare Astrologie. Hier möchte ich noch eine zweite Art vorstellen, wie wir das Horoskop direkt aus unserem Leib heraus darstellen können.

Für diese Übung legst du dir ein großes Stück Packpapier und Fettstifte auf dem Boden bereit.

Du sitzt auf einem Hocker. Zunächst wendest du dich deinen Gelenken zu, läßt einen Fuß in seinem Gelenk kreisen. Du kannst zur Erleichterung das übende Bein mit beiden Händen am Knie halten. Du machst langsam und spürst ganz in dein Fußgelenk hinein, bis du es selbst bist. Es gibt Stellen im Fußkreis, die gehen leicht, andere sind schwergängig. Gib dir soviel Zeit, bis du einen relativ runden Kreis machen kannst. Dann wechsle die Drehrichtung. Zwischendurch löse das Gelenk durch Ausschütteln, vor allem dann, wenn sich die Muskulatur verspannt. Ruhe aus und spüre nach. Dann nimm den anderen Fuß dran. Danach stehe auf und lasse zunächst die Kniegelenke, dann das Becken in den Hüftgelenken kreisen. Wenn das Becken relativ frei kreist, setze dich hin. Kreise nun in den Schultergelenken. Dann kommt der Kopf dran. Zum Schluß schüttle alle Gelenke der Arme der Reihe nach: Ellenbogengelenke, Handgelenke, Fingergelenke. In der Ruhe danach genieße deine warmen, lebendigen Gelenke.

Du hast dich durch das Lösen der Gelenke durchlässig gemacht für die Impulse aus deinem Inneren. Dein Denken ist etwas zur Ruhe gekommen und dein Empfindungsbewußtsein ist stärker. Du stehst leib-haftig und ganz da.

Die Rechtshänderin läßt jetzt ihren rechten Arm, die Linkshänderin ihren linken Arm zuerst hin- und herschwingen, zeichnest also einen Halbkreis in die Luft. Lasse die Arme höher schwingen, bis der Arm schließlich ganze Drehungen macht. Kreise schnell, damit du keine Kontrolle ausüben kannst. Der Arm kreist aus dem Schultergelenk, und es bildet sich langsam ein Schwerpunkt im Kreis heraus. Diesen nimmst du verstärkend auf und läßt dazu einen Ton kommen. Ohne Übergang nimm jetzt den bereitgelegten Fettstift und übertrage dieselbe Bewegung auf das Papier. Spüre noch einmal das oder die betonten Segmente und lassen sie, auf dem Papier kreisend, deutlich werden.

Nachher trage die Hauptachsen als Orientierung auf das Blatt auf. Oben = MC, Unten = IC, Rechts = DC, Links = AC. Lasse das Bild einige Zeit auf dich wirken.

Monika Hafner-Kissling, eine Kollegin, beschreibt die Eindrücke von ihrem Bild und den entstehenden Dialog zwischen ihr und mir in „Astrologie heute" so:

> Monika: „Mein Bild eiert auf der rechten Seite und hat einen Schwerpunkt im fünften Haus."
> Stefan: „Was hat das mit dir und deinem Horoskop zu tun?"
> Monika: „Meine Planeten sind im Horoskop alle auf der linken Seite. Die rechte Hälfte hat in der Zeichnung noch wenig Form. Der Schwerpunkt im fünften Haus deutet auf Kreativität, die es zu entwickeln gilt, auf meine Individualität und meine Lebensziele, d.h. auf das Sonnenprinzip."
> Stefan: „Was hat das Bild mit deiner momentanen Situation zu tun? Inwiefern ist das fünfte Haus jetzt wichtig für dich?"
> Monika: „Ich möchte gern mehr Kreativität in meine Arbeit bringen."

Die Durchlässigkeit unserer Gelenke ist Voraussetzung, unser Horoskop auf diese Weise aus unserer Tiefe heraus zu zeichnen: In dem Wort Ge-lenk ist das Wort lenken enthalten. Die fließende Energie der kreisenden Bewegung wird u.a. auch in der Atem-, Stimm- und Sprechschulung SCHLAFFHORST-ANDERSEN angewandt. Hier werden damit Störungen des Atemflußes und des Sprechens bis hin zum Stottern behandelt.

Das Gruppenhoroskop

Haben wir den eigenen Standort im Horoskop gefunden, können wir in derselben Weise auch ein Gruppenhoroskop erstellen. Bei gruppendynamischen Problemen kann das besonders interessant sein.

Es kann uns aber auch deutlich machen, wo die Gruppe am Anfang oder am Ende einer Arbeit oder eines Prozeßes steht. Hier ein Beispiel:

Wir brauchen dazu einen Kreis mit den Hauptachsen und einen der Gruppengröße entsprechenden, großen Raum. Jetzt versuchen die Teilnehmerinnen, ihren Ort direkt auf dem Kreis einzunehmen. Sie suchen dabei nicht nur ihren eigenen Ort, sondern achten zudem darauf, wie sie sich im Bezug zu den anderen Teilnehmerinnen fühlen (Beziehungen = Aspekte).

In fortlaufenden Gruppen, die bereits Astrologiekenntnisse haben, gebe ich zu Beginn eines Workshops den Kreis als Sitzordnung vor, und wir erfahren direkt am Anfang bewußt das Gruppenhoroskop. Mit farbigen Bändern verbinden wir uns entsprechend den vorhandenen Aspekten. Jede erhält die Gelegenheit, sich und ihre Rolle bzw. Aufgabe in der Gruppe zu erkennen.

Aber auch die Familienstruktur läßt sich anhand einer erinnerten Szene oder gewohnten Tischordnung auf einem Kreis leicht abbilden und bewußtmachen.

Die angegebenen Übungen sind Beispiele dafür, wie frühe Beziehungsmuster wieder erlebbar und in ihrer heutigen Wirkung deutlich gemacht werden können.

Thomas, 32 Jahre alt, erinnert sich an folgende Sitzordnung in seinem Elternhaus, an der starr festgehalten wurde, bis er mit 22 Jahren auszog.

Er erzählt von einer eher kühlen, dominanten Mutter, einem eher passiven, weichen aber unberechenbaren Vater, der ihm mit seinen Wutausbrüchen Angst machte, und von seiner Schwester, auf die er eifersüchtig war, weil sie von der Mutter geschont wurde.

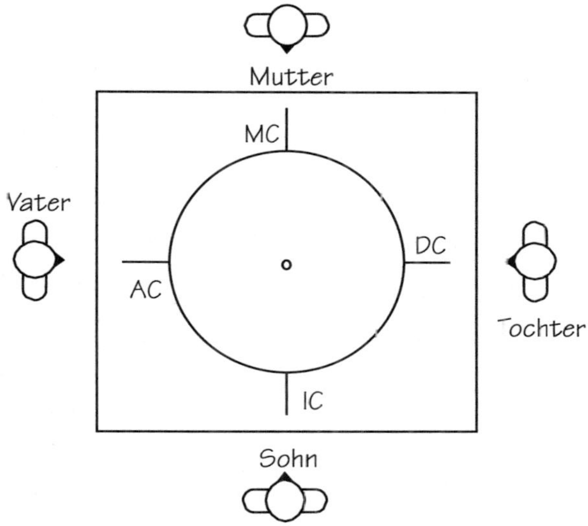

Versuche, dich an deine Familiensitzordnung zu erinnern. Zeichne sie auf. Dein eigener Platz, deine Stellung in der Familienhierarchie entspräche dabei den Häusern, deine Rolle entspräche der Planetenstellung, und das Beziehungsgefüge in deiner Familie entspräche den Aspekten.

Die Gestaltung des Horoskops

Bereits auf meiner frühen Suche nach direkter Erfahrung mit dem Horoskop faszinierte mich die Aspektstruktur als Abbild unserer dynamischen Bewußtseinsstruktur. Die Aspektstruktur ist das Bild aller Aspektlinien, die die Planeten im Horoskop miteinander bilden (siehe Kapitel 'Beziehungsqualitäten', Seite 86). Die Aspektstruktur ist eine Gestalt, ein persönliches Symbol, ein eigenes Mandala. Dieses Bild zu betrachten, müßte einen spontanen – u.U. entscheidenden – Einstieg in das Horoskop ermöglichen. Das war meine Hypothese.

Ich begann in der Beratungs-Praxis, die Zeichen und Häuser mit einer Kreis-Schablone abzudecken, sodaß dem „Laien" nur die Aspektstruktur zur Betrachtung übrig blieb. Die Wirkung war verblüffend. Ich erhielt durch die vom Ratsuchenden gesehenen Bilder die aktuellen Themen geradezu auf dem Tablett serviert. Bald fand ich, daß bestimmte Themen sich wiederholten, die offenbar mit der geometrischen Anordnung der Zeichnung zu tun hatten. Aber auch allein für sich stehend waren Bilder wie der Drachen, das Segelschiff, der Diamant, der Kristall, der Fallschirm, der Baum, das Kettenkarussell starke Bilder, die einen Einstieg in eine partnerschaftliche Beratung förderten.

Allzuoft blieben Klienten aber auf der beschreibenden Ebene, richtig bewegt waren sie nicht. Ihnen fiel der Kontakt zu dem, was sie sahen, schwer. Das liegt sicherlich an den Horoskop-Zeichnungen, die leider immer noch sehr technisch sind. Sie scheinen die Fantasie und den Kontakt zum Unbewußten eher einzuschränken als anzuregen. Also ging ich dazu über, daß die Klienten, die wollten, ihre Aspektstruktur frei in eine Zeichung umsetzten.

Zeichnen und Malen der Aspektstruktur

Für die folgenden Übung brauchst du dein Horoskop (mit Kreisschablone, um den Tier- und Häuserkreis abzudecken), ein Blatt

Papier und Fettstifte. Nimm genügend Abstand zum Horoskop, sodaß du die Figur nicht allzu deutlich siehst. Besser ist es, wenn die Aspektlinien zu einem Ganzen verschwimmen. Du brauchst nur zu schauen und etwas zu warten, bis du bereit bist. Dann schließt du die Augen und läßt deine Hand den Stift führen. Jetzt kann das Unbewußte dich leiten. Laß es zu. Wichtig ist, den einmal begonnenen Fluß nicht aufzuhalten. Laß es fließen, wie es kommt. Urteile nicht.

Ist das Bild entstanden, kannst du es betrachten wie einen Traum. Umkreise es, reichere es an mit deinen Gedanken, betrachte es von allen Seiten, schau, was und wie es ist.

In diesem Prozeß brauchen wir oft Hilfe. Die Astrologin und/oder Therapeuin hat hier eine wichtige Rolle. Eine Gruppe bietet den Vorteil, von vielen Feedback erhalten zu können. Die Betrachtung der Zeichnung geht fließend über in die Betrachtung des Horoskops. Vielleicht finden sich Elemente der Zeichnung im Horoskop wieder oder umgekehrt. Die Astrologin könnte in der Zeichnung die Strukturen aufspüren, die sie im Horoskop sieht.

Ein wichtiger Nebeneffekt: Viele Vorurteile über die Unfähigkeit, malen zu können, können so abgebaut werden. Es geht ja nicht um ein bestimmtes Resultat, sondern um den kreativen Prozeß des Gestaltens.

Regine: (aus einem Brief nach einer Gruppenarbeit)

„Ich sage es mir selber immer wieder vor: Du bist eine Künstlerin. Dann kommen Tränen und aus der Tiefe meldet sich mein Saturn mit all den Kräften, die sich mit ihm vereinen, und es gibt ein gewaltiges Ringen in meiner Magengrube, in meiner Mitte. Ich habe versucht, es darzustellen. Kannst du ermessen, was das heißt: ich male freiwillig - das erste Mal in meinem Leben! - an einem Montag, zwischen Haufen schmutziger Wäsche.

Ich schreibe und lege das Bild dazu, damit Du siehst, daß es mir ernst ist, weiter zu arbeiten. Ich will nicht nur, ich muß."

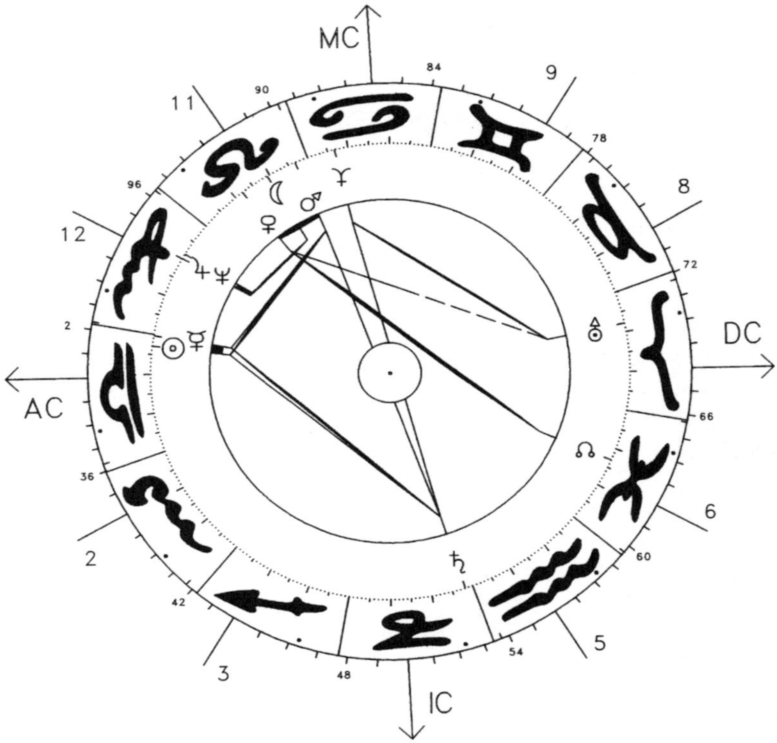

Horoskop Regine

Astrologisch Versierte können die Bedeutung, die es für Regine hat,. ihre Kreativität zu entwickeln, auch aus ihrem Horoskop nachvollziehen, wenn sie die dominante Stellung des Steinbock-Saturns unten im 4. Haus sehen. Wie Uranus steht er im Brennpunkt des Aspektgefüges und blockiert vor allem Mars, der wie Mond und Venus im Löwen steht. Die Energiesperre wird durch die Opposition Saturn/Pluto noch verstärkt. Das kreative Löwe-Potential muß den höchsten eigenen oder fremden Idealen genügen. Die Saturn-Mars Opposition liegt zudem auf der Talpunkt-Achse (Talpunkt siehe im Anhang) der Häuser 4–10. Das verdeutlicht Regines Schwierigkeit, sich zu zeigen. Saturn steht zudem im Trigon zu Sonne/Merkur. Sonne/Merkur stehen im Sextil zu Mars. Zusammen bilden Sonne-Mars-Saturn eine sogenannte Ambivalenzfigur, d.h. ein Hin- und Hergehen zwischen blauen Aspekten „Unterspannung" und roten Aspekten „Überspannung". Hier kann das Ausweichen aus der Spannung in die verborgenen harmonischen Innenräume – ins 12. Feld, einem Rückzug gleichen, der keine Ruhe bringt, wenn wir die Stellung der beiden Planeten im Schatten des Aszendenten als neuen Druck, herauszukommen, berücksichtigen.

Das Ringen der Venus mit dem Saturn

Im Bild finden wir Saturn rechts unten, der an eine Art Krebs mit zwei Scheren erinnert (violett). Eine konservative Familie, eine strenge Mutter? Darunter liegt eine gelbe Doppelspirale, deren zum Teil freie Seite links oben liegt. In der nicht ganz eindeutigen Doppelspirale sehen wir, daß sich der rechte Teil nach innen dreht und der obere, entgegen der Urform, nach außen! Der nach innen drehende Teil wird vom saturnischen „Krebs" überlagert.

Für Regine könnte ihre Zeichnung Ausgangspunkt sein, sich viele Fragen zu stellen. Wer steht hinter dem saturnischen „Krebs“ in ihrem Leben? Mit wem ringt sie und scheint zu unterliegen? Wer oder was hindert sie an der Befreiung ihrer Kreativität, läßt sie nicht los?

Formen der Aspektstruktur mit Ton

Um mit Ton zu arbeiten, braucht man fast noch weniger Geschicklichkeit als für eine Zeichnung. Zudem fehlt in den Zeichnungen das Räumliche, Dreidimensionale. Die Arbeit mit Ton ist sehr ursprünglich, kann noch mehr in die Tiefe gehen, ist vital und erdig, ist sinnlicher als Zeichnen oder Malen. In BISCHOF/GORE „Ein Weg, das Horoskop selbst zu gestalten“ stehen erstmals Beispiele für die kreative Umsetzung des Horoskops in Ton.

Genauso ergiebig ist die Gestaltung einzelner Planeten. In einer Skulptur kann deutlich werden, wie ich sie ganz persönlich erlebe, welche Beziehung ich zu dem ihnen innewohnenden Prinzip habe. Aber vor allem, ob dieses Thema für mich überhaupt eine Gestalt hat, also aktuell ist.

Hierfür ein Beispiel:

Wir sind ausgegangen von der körperlichen Erfahrung des Symbols Saturn. Zur Erinnerung: Kreuz über Halbkreis, die obere Leibhälfte ist fest und gespannt, die untere weich, mondhaft (siehe den Abschnitt „Die Planeten-Symbole“, Seite 23).

Hier der fast lyrische Bericht von Ute, 31 Jahre alt, zu ihrer Tonfigur:

Venus naht

„Als ich mir Ton hole, weiß ich: Ich werde Saturn formen. Was er mir sagt: Ich schwinge zwischen alten Grenzen und Ausdehnung; Vehärtungen werden deutlich. Das ist mein Thema momentan; Kampf um und gegen die Grenzen. Der ungeduldige Wunsch nach Wachstum drängt mich. Da ist viel Druck, kaum Bewegung.

Ich habe den Ton in den Händen, nehme den Kontakt auf. Da nimmt etwas im Ton Gestalt an. Es ist nicht Saturn, den ich sehe – es ist Venus. Sie ist mir hier in diesen Tagen auch schon begegnet – auf der Suche nach Weichheit. Das ist mein anderes Thema: Was kann mir helfen, loslassen zu lernen; im Fluß zu sein zwischen Stärke und Schwäche, Aktivität und Ruhe. Die Antwort: Venus. Die Assoziation: Liebe.

Und da ist sie, meine Hände helfen Venus aus dem Ton heraus. Dann kommt ein Punkt, an dem sie nicht mehr klarer wird, trotz aller Bemühungen. Da ist auch noch etwas anderes – bisher habe ich nur die eine Seite des Tons bearbeitet. Gespannt drehe ich die Gestalt in meiner Hand. Auf der anderen Seite – der Venus gegenüber - sehe ich in den Konturen Saturn, kraftvoll strahlend. Ich forme ihn heraus. Noch gibt es keine Verbindung zwischen den beiden Seiten. Kurz darauf helfen mir die anderen Teilnehmerinnen, sie zu sehen: Saturn liegt genau im Wurzel-Chakra (Dammpunkt) meiner Venus. Die Assoziation: meine Sexualität.

Ich bin auf dem Weg."

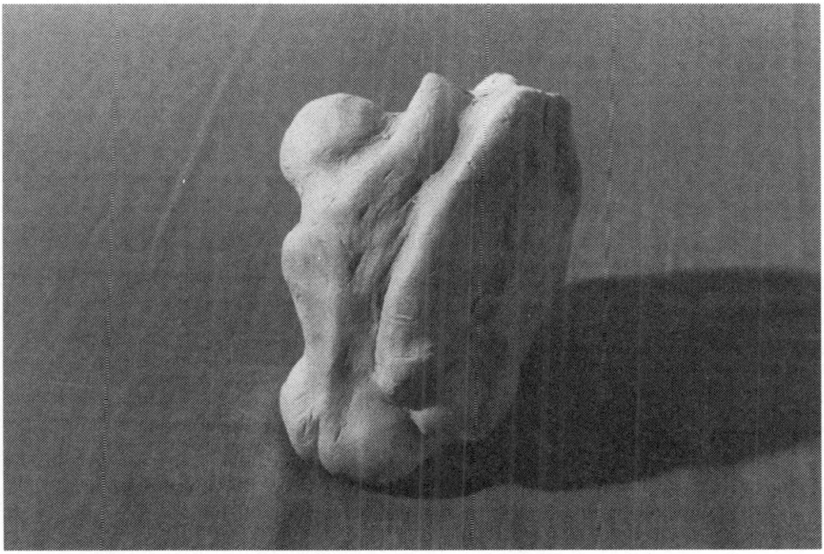

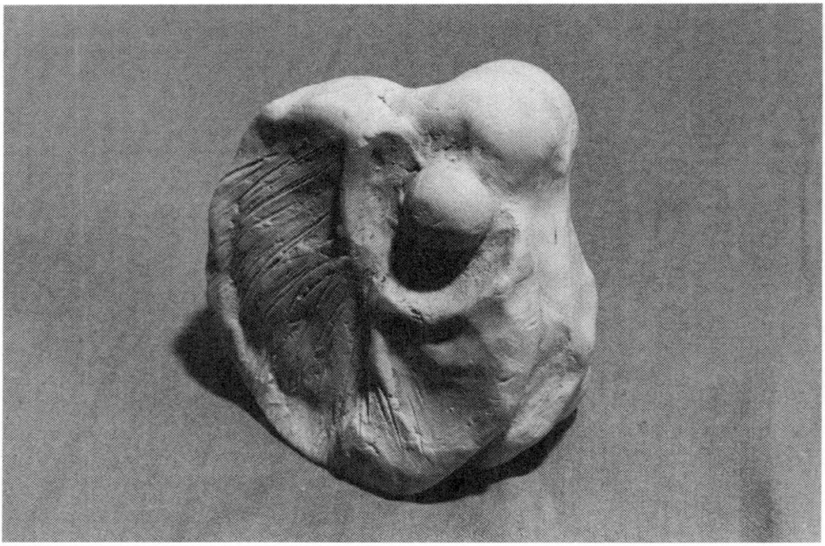

„Zum Thema Begegnung Mars-Venus folgt das Beispiel von Claudia, einer 35 jährigen Frau:

Die Wellen-Schlange

„Ich spielte mit dem Ton-Block, ließ ihn fallen, zerdrückte ihn, und es entstand eine Welle. Den Ton mit den Fingern zu kneten, machte mir große Freude. Ich wollte etwas Stabiles machen, das allein steht, doch vor allem sollten die Hände machen. Es entstanden mehrere Wellen und vorne die Gischt derjenigen Welle, die sich gerade überschlagen hatte. Zum Schluß hatte ich dann das Bedürfnis, aus der Schwere heraus aufzusteigen und herumzuschauen (Schlange)."

Die Figur erinnerte Claudia an das „Orphische Urwort DAIMON" von GOETHE:

> „Wie an dem Tag, der dich der Welt verliehen,
> Die Sonne stand zum Gruße der Planeten,
> Bist alsobald und fort und fort gediehen
> Nach dem Gesetz, wonach du angetreten.
> So mußt du sein, dir kannst du nicht entfliehen
> So sagten schon Sibyllen, so Propheten;
> Und keine Zeit und keine Macht zerstückelt
> Geprägte Form, die lebend sich entwickelt."

Für Interessierte folgt die Übersetzung der Skulptur in das Horoskop. Die Verhaftung an das Unten zeigen 7 Planeten unterhalb des Horizontes an. Als Anker können wir Saturn im (eingeschlossenen) Skorpion im 4. Haus betrachten. Der Schütze-Mond am Talpunkt des 5. Hauses hilft mit dem Quadrat zum Fische-Mars an der Spitze des 9. Hauses die über die Trigone verbundenen Sonne und Pluto nach oben ins Bewußte zu bringen. Die Symbole Sonne und Pluto sind in der Schlange, Neptun, Saturn und Mond in den wogenden Wellen, Mars im sich (sanft) nach oben Tragenlassen dargestellt. Der unaspektierte Merkur kann uns andeuten, daß das Reflektieren ihres Prozeßes stets eine Aufgabe darstellt.

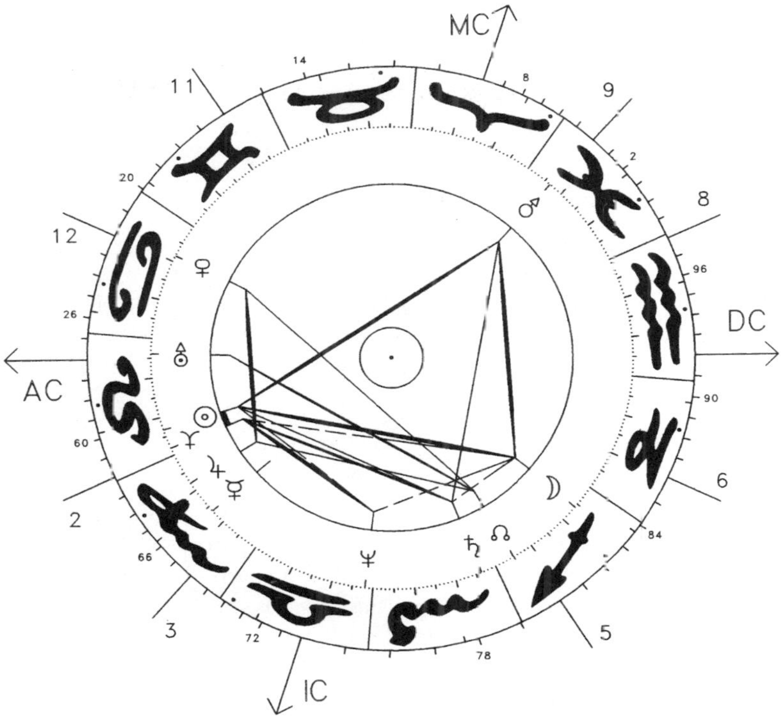

Horoskop Claudia

Zu der von ihr gewählten Verbindung Daimon paßt dessen Bedeutung: Innere Stimme, göttliches Wesen, Urnatur.

Das Symbol Schlange gibt einen Hinweis darauf, daß etwas in Claudia bewußt werden will, daß sie im Begriff ist, aus den Wogen des Ungeschiedenen, Natürlichen und Instinkthaften hervorzutreten. Die Wellen sehen auch aus wie Schamlippen. Sie können auf ihre aufbrechende, weibliche Sexualität hinweisen.

Das Astro-Objekt

Genauso wie mit Ton können wir aus beliebigen Materialien unser Horoskop als ein Objekt gestalten. Die Natur bietet eine reichliche Materialauswahl an: Zweige, Steine, Sand, Abfälle aller Art - vor allem wenn sie sich bereits durch Rosten, Verrotten, Austrocknen etc. der Natur angepaßt haben.

Das Astro-Ikebana

Für einige, denen Blumen und deren Gestaltungsmöglichkeiten naheliegen, läßt sich ein Horoskop in ein wunderbares Gesteck verwandeln. Es können Trocken- und/oder Schnittblumen verwendet werden.

Die tänzerische Gestaltung

Einige von uns sind tänzerisch so geschult, begabt oder begeistert, daß sie ihr Horoskop oder die Planeten in Bewegung, in einen Tanz verwandeln wollen. Sicherlich stellt dies Ansprüche an das Bewegungsrepertoire, ist aber besonders eindrücklich. Das Horoskop zu tanzen, erfordert ein hohes Maß an Hingabe. Es wäre für die Besprechung des Tanzes hilfreich, ihn auf Video aufzuzeichnen.

Wir erfahren unser Horoskop

Sich in das Horoskop hineinstellen

Sich mit dem eigenen Horoskop identifizieren zu können, ist für viele nicht leicht. Eine Methode ist, sich direkt in das Horoskop, bzw. in seine Aspektstruktur hineinzustellen oder zu legen. Aus den Körpererfahrungen heraus erwächst dies oft ganz natürlich. Man könnte es „Kosmokinetik" (Kinetik = Lehre von der Bewegung durch die Kräfte) nennen. Es hat den Effekt, daß wir in der gefundenen Stellung über unseren Körper alle Verbindungen und Spannungen der Aspektstruktur unmittelbar erleben können.

Nimm dein abgedecktes Horoskop, das nur die Aspektstruktur freiläßt. Lege es vor dich auf den Boden.

Versuche zu erfühlen, wie du dich selbst in deine Aspektstruktur hineinlegen oder stellen willst. Wo ist der Kopf, wo sind die Arme und Hände, wo die Beine? Dann nimm diese Stellung ein und verändere sie solange, bis du zufrieden bist. Verharre so für eine längere Zeit wie eine Skulptur. Laß dich in dieser Position fotografieren. Achte besonders auf die Körperspannungen, das Grundgefühl, das dir diese Stellung vermittelt.

Dann wähle ein kreatives Medium, mit dessen Hilfe du deine „Astroskulptur" festhalten kannst. Zeichnen ist vielleicht am einfachsten. Male auf einem sehr großen Blatt einen Kreis, teile ihn in die Hauptachsen Aszendent-Deszendent, sowie Medium Coeli und Imnum Coeli ein, zeichne die Planeten auf und setze dich hinein.

Das könnte z.B. so aussehen:

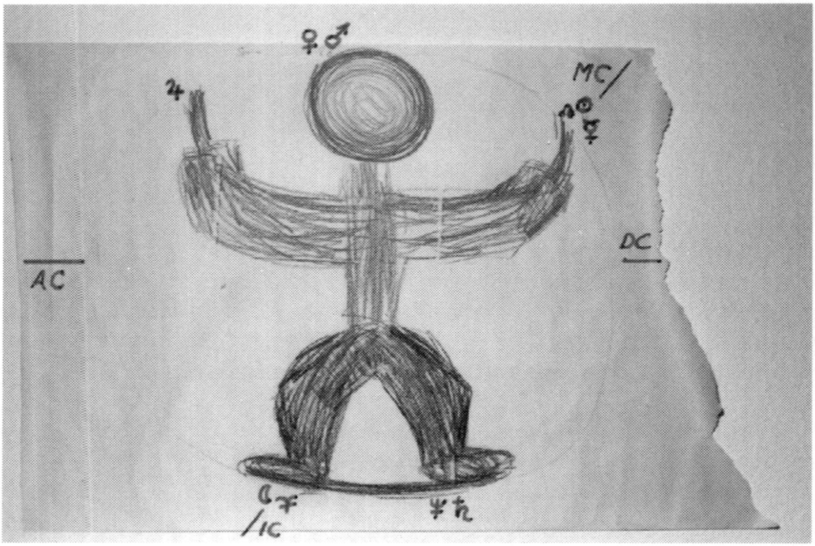

'Rot-Blau-Männchen'

Normalerweise ergibt sich die Art der Umsetzung spontan. Fast alle Menschen können mit großer Sicherheit angeben, wie sie sich in der Aspektstruktur sehen. Andere hingegen brauchen eine Anleitung.

Im Folgenden werden zwei einfache Möglichkeiten angeboten, wie man sich in das Horoskop hineinstellen kann. Wir haben sie bereits früher erfahren (siehe Seite 54 ff):

1. Den Aszendenten oder die linke Kreishälfte mit dem Rücken identifizieren. Dabei vernachlässigen wir links und rechts.
2. Den Aszendenten mit der linken Körperseite identifizieren, ohne hinten und vorne zu berücksichtigen.

Diejenigen, die ein gutes räumliches Vorstellungsvermögen haben, sehen sich dreidimensional in ihrer Aspektstruktur. Hier drängt sich die Umsetzung in Ton eigentlich fast immer auf.

Die Kosmokinetik als Ausgangspunkt für konfliktbezogene, leibtherapeutische Arbeit

Bei einigen Menschen steigert sich die körperliche und emotionale Beteiligung in der gefundenen Körperposition so sehr, daß sie nach weiterer Gestaltung und Bearbeitung drängt. Ein solch starkes, konflikthaftes Erleben kann mit dem Zeitpunkt zusammenfallen, in dem etwas reif geworden ist, ins Bewußtsein einzudringen. Es kann aber auch Ausdruck einer aktuellen, besonders schwierigen, konflikthaften Lebenssituation sein. Astrologisch Erfahrene achten in diesem Zusammenhang auf den Alterspunkt, bzw. auf die momentanen Transite.

An dieser Stelle ein weiterer Bericht aus einer Gruppenarbeit:
Hanna hatte in der vorhergehenden Arbeit ihre Stellung im Horoskop als Statue oder Figur gefunden. In der folgenden Runde stellte sie ihre Zeichnung und ihr Horoskop allen Gruppenteilnehmerinnen vor. Um uns mit Hanna's Körperposition besser identifizieren zu können, nahmen wir gemeinsam ihre Stellung ein. Alle fühlten sich strapaziert und überanstrengt. Daraus ergab sich eine weitere Arbeit mit ihr:

Th.: „Wohin möchtest du gehen, wie würdest du deine Figur gerne verändern?“
H.: „Ich möchte mich hinlegen, auf den Boden und meinen Mond suchen.“

Dabei entspannte sie sich tief, der Atem verlangsamte sich, sie gab sich, d.h. ihr Körpergewicht, an den Boden ab. Viele Minuten vergingen so.

Th.: „Wie soll es jetzt weitergehen?“
H.: „Ich möchte wieder aufstehen, bin aber zu müde und hab keine Lust, ich bleibe liegen.“

An dieser Stelle sahen wir, wie Hanna mit der linken Hand an ihrem Rücken ihren Ledergürtel drehte. Das begleitete sie mit verhaltenen Lauten.

Th.: ‚Ich sehe, wie du an deinem Gürtel drehst, willst du das verstärken?"

Hanna drehte mehr und mehr, sie würgte sich die ganze untere Körperhälfte ab. Es wurde dramatisch, sie war davon ganz besessen.

H.: „Ich spüre, wie es mir schadet, mich schmerzt, aber ich finde keine Lösung, fühle mich für Augenblicke total verzweifelt."

Es sah aus, als wollte sie jemand erdrosseln. Sie atmete nicht mehr, zuckte nur noch krampfhaft. Es machte den Eindruck, als müßte sie sterben. Hier war es nötig einzugreifen.

Th.: „Hier, nimm das Handtuch an Stelle deines Gürtels und drehe es weiter."

Der Therapeut hielt es an einem Ende und Hanna drehte mit aller Kraft nach links, gegen den Widerstand des Therapeuten.

H.: „Ich habe das Gefühl von einem Zwang und einer Kraft. Ich muß unbedingt weiterdrehen, bis ich das Gesicht meines Gegenübers erreiche."

Hanna schaffte es, sich so zu drehen, daß sie dem Therapeuten voll ins Gesicht schauen konnte.

H.: „Jetzt bin ich erleichtert". Plötzlich eine tiefe Panik mit großer Angst beim Blick in die Augen. „Ich möchte fliehen, nein sagen. Wie ein Blitz kommt mir der Gedanke, ob mich wohl einmal jemand umbringen wollte?"

Der Therapeut bringt sie an dieser Stelle wieder zu sich, legt ihr seine Hand auf die Körpermitte, damit sie sich wieder findet. Langsam beruhigt sie sich.

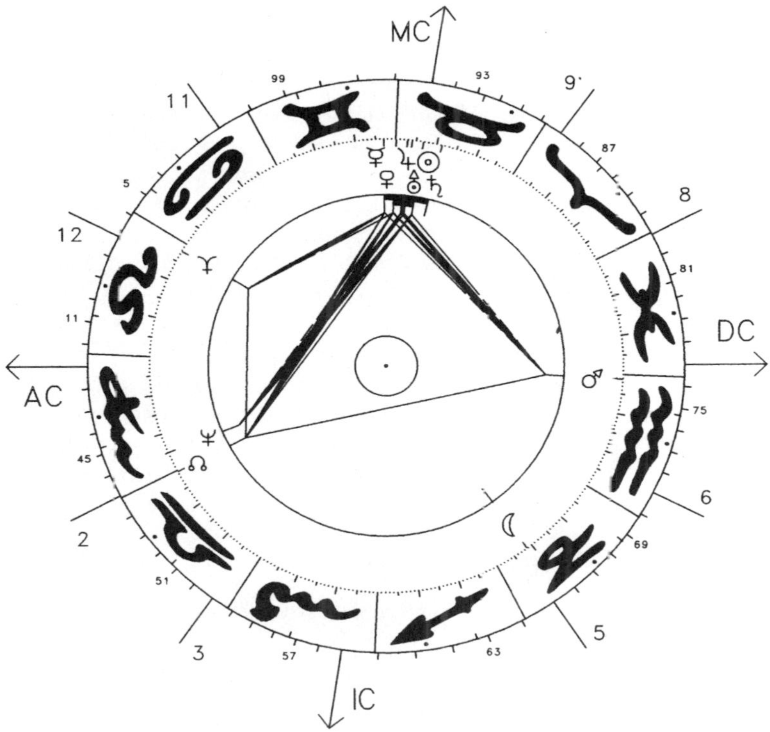

Horoskop Hanna

Die Zeigemethode

Ganz spontan entstand die Zeigemethode. Dabei legst du dein Horoskop vor dich hin und gehst mit dem Zeigefinger an den Planenten entlang. Eine Möglichkeit ist, beim Aszendenten beginnend, gegen den Uhrzeigersinn vorzurücken. Versuche, dich mit demjenigen Planeten, bei dem der Finger jeweils steht, zu identifizieren. Du kannst durch das ganze Horoskop gehen, bis du bei allen Planeten gewesen bist. Bei diesem Vorgehen kann manche aktuelle Thematik bewußt werden, mit der du dann weiter arbeiten kannst.

Du kannst dich auch ganz frei vom Zeigefinger durch dein Horoskop führen lassen. Manchmal führt uns das Unbwußte sehr direkt dorthin, wo unsere Aufgabe, bzw. unser Problem liegt. (Diese Methode ist besonders für ältere Menschen, die nicht mehr so beweglich sind, jedoch astrologische Grundkenntnisse haben, sehr hilfreich).

Zur Illustration der Bericht von Beate, einer 37jährigen Frau:

Von oben komme ich, nach oben will ich nicht (mehr).

„Ich gehe auf den Vorschlag ein, mit geschlossenen Augen auf meinem Horoskop mit dem Finger entlangzuwandern und jeder Planet zu „sein“:

Sonne: Rot und warm, weich und heiß, eng, ich bekomme keine Luft, die Bedrängung wird unerträglich. Meine Gefühle engen mich ein – ich enge meine Gefühle ein.

Mond: Er läßt meine Tränen fließen. Dort ist es einsam, kalt und bläulich. Die Verunsicherung ist stark. Der Mond wirkt leblos und seine Krater erinnern mich an Narben. Seine Anziehungskraft fühle ich fast körperlich. Die Angst vor der Einsamkeit und Isolation dort oben verursacht mir Magenschmerzen. Ich gehe rasch weiter zum

Saturn: Ich wundere mich, daß ich die anderen Planenten überspringe. Ich atme erleichtert auf. Dort fühle ich mich wohl, ihn kenne ich, seine Kraft, Konzentration, den magischen Ring, mein Kreuz, meine Beine. Saturn trägt meinen Mond. Er verkörpert meine Stärke und verliert plötzlich alles vorher Beängstigende, Bedrohliche, Geheimnisvolle. Er beherbergt mein Leid. Ich empfinde seltsamerweise Mitleid mit mir und einen unsagbaren Stolz auf die Kraft, die in allem Leiden ruht, das ich bisher bewältigt habe. Ich bin völlig eingeschlossen in der Tiefe. Aus diesem Bewußtsein entsteht der Impuls, der dringende Wunsch, nach oben, zur

Sonne: zurückzukehren, zum Licht! Mich aufrichten und wieder beginnen. Die Freudentränen, die ich vergieße, entspringen dem Glücksgefühl, einem Gefängnis entronnen zu sein. Aber ein bitterer Geschmack, ein Hauch von schlechtem Gewissen bleibt, weil ich den Kreis nicht ganz nachvollzogen, sondern gemogelt habe. Ein Stück abgeschnitten. Ich bin von Saturn direkt zur Sonne geeilt, ohne den

Mars: zu berühren, bzw. den weißen Teil des Horoskops. Mars hätte mich unweigerlich zum Mond geschleudert, sodaß ich nicht zur Sonne hätte gelangen können. Das Spannungsverhältnis Mars - Mond erscheint mir als vorherrschende Beziehung und in seiner Bedeutung ungeklärt. Ich wollte anfangs nicht nach oben zur Sonne, weil ich befürchtete, wenn der Kreis vollzogen ist, bin ich tot. Daher auch die Panik bei den Gedanken. Das Horoskop als Lebensweg. Die Sonne – Tod und Leben/Geburt. Die Erfahrung des Lebens hatte ich vergessen. Ihr bin ich neu begegnet."

Erstaunlich ist in Beates Horoskop die zentrale Stellung Saturns im Skorpion am IC. Sie scheint den Kontakt mit den anderen Ich-Funktionen zu bestimmen. Das Erleben der Sonne ist ambivalent.

Das spontane Erlebnis, Uranus im Krebs, der Wunsch des Mondes nach der Befreiung, 11. Haus, ist Lösung im Kontakt mit dem Weiblichen. Aber ganz schnell finden sich wieder saturnische

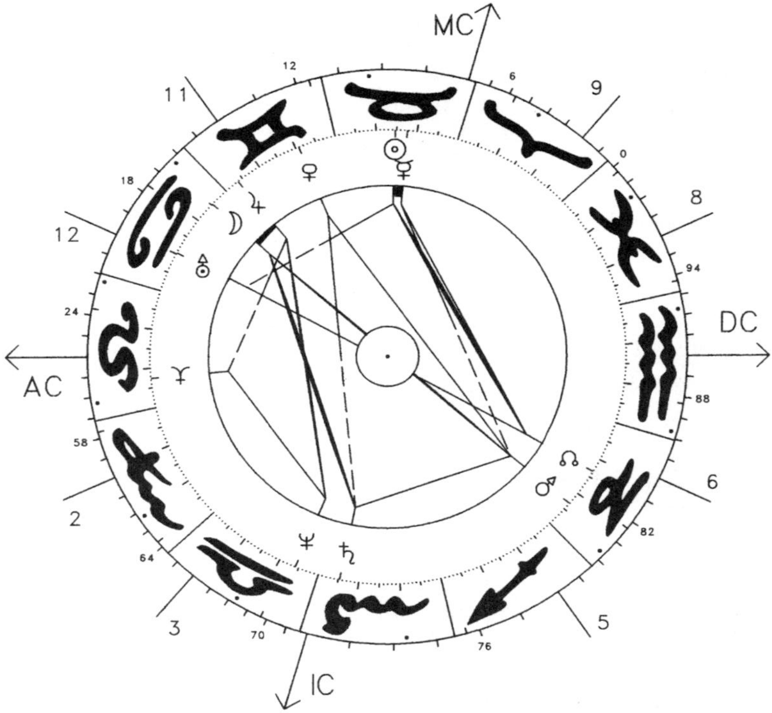

Horoskop Beate

Projektionen mit neptunischen Elementen: Krebs im 12. Haus, leblos, Narben, Angst, Einsamkeit, Isolation.

Dann bei Saturn erneut die spontane Identifikation und die bewußte, erwachsene Form des integrierten Prinzipes: Kraft, Konzentration, Stärke. Die Erfahrung Saturns am IC: Ich bin eingeschlossen. Daraus entsteht Wandlung, bzw. die Kraft, sich der Sonne zuzuwenden, dem Licht, dem neu geborenen Selbst.

Erfahrungen in der Natur

Die Natur hilft uns, die einfache, hautnahe Astrologie wiederzufinden. Sicherlich waren es zuerst die in der Natur vorkommenden Symbole, in denen die Menschen Götter und Geister d.h. die Archetypen sahen und erlebten.

Orte der Kraft

Die Suche nach besonderen Orten in der Natur verlangt von uns ein verfeinertes Sensorium. Stille und Innehalten sind weitere Vorbedingungen, um auf Orte der Kraft zu stoßen, ihre Energien spüren und fühlen zu können. Kirchen und Kultstätten wurden früher an solchen Kraftplätzen errichtet, z.B. die Kathedrale von Chartres, Westminster Abbey, Stonehenge, etc. Im Folgenden gebe ich praktische Hinweise, wie wir in der Natur wieder in Kontakt mit den Archetypen kommen.

Ich erinnere in diesem Zusammenhang an die Übung „Kompaß-Nadel" (siehe Seite 45) Anschließend daran lernten wir eine Radar-Technik mit deren Hilfe wir nur mit unseren Händen Energiefelder oder eben Orte besonderer Kraft aufzufinden versuchten.

Mache einen Spaziergang in die Natur. Suche dir an einem schönen Tag einen Platz mit guter Aussicht. Laß deinen Blick weich über die Landschaft schweifen. Welche Orte fallen dir besonders auf?

Bestimmt werden deine Augen bei bestimmten Flurstücken verweilen: kleine Hügel, Ansammlungen von Bäumen oder Sträuchern, Gabelungen von Bächen, Mulden oder Furchen, Steinformationen. Stell dir eine Wanderung zusammen, bei der du alle diese Orte der Reihe nach besuchst, um sie besser kennenzulernen. Verweile an jedem Ort und versuche, dessen spezielle Qualität zu erspüren. Es mag dir helfen, deine Erfahrungen von jedem Ort kurz aufzuschreiben.

Für die nächste Wanderng hier ein paar geomantische Anregungen (Geomantie: die Lehre von der Kraft der Orte): Schau auf die

Plätze, an denen die gewachsenen Dörfer gebaut wurden. Wodurch stechen sie hervor? Wo steht eine Kapelle, wo ein Kloster, wo stehen die alten Kirchen, wo die ganz alten Bauernhöfe?

Ganz konkret erfährst du geomantisch wertvolle Plätze, wenn du eine alte Kathedrale, einen Dom oder ein Münster besuchst. Sie sind oft noch in völliger Übereinstimmung mit den kosmischen Prinzipien gebaut. Das heißt z.B., daß die Hauptachsen der Gebäude mit den Himmelsrichtungen übereinstimmen. Das bedeutet auch, daß sich alle Längen- und Raumverhältnisse exakt nach den Harmonielehren von Pythagoras richten, bzw. im goldenen Schnitt gebaut sind. Außerdem wurden diese Bauwerke meist so plaziert, daß der Altar auf einem Kreuzungspunkt von Erdenergielinien stand. Du kannst das selbst spüren, wenn du dir viel Zeit nimmst, um im Gebäude herumzugehen und die Energiefelder aufzunehmen.

– Auf der Insel Ikaria

Um mit einer Gruppe Astrologie in der Natur zu erleben, suchten ich und Jorgos Canacakis, ein befreundeter Psychotherapeut, nach einem geomantisch und klimatisch geeigneten Ort. Wir stießen auf die griechische Insel Ikaria, in der Nähe von Samos in der Ägäis gelegen. Von ihr ist außer der Sage von Ikarus und Dädalus wenig bekannt. Sie bot uns Gelegenheit für eindrückliche Naturerlebnisse.

– Eine Felsenmühle

Für eine Arbeit mit Mond und Saturn fanden wir in einer Felswand nahe Gialiskari mehrere größere und kleinere Felsmühlen, die im Sommer ohne Wasser waren. In einem großen Stein, der einem tiefen Behälter – einer Wanne – glich, sammelten wir uns. Ein Mond-Gong hing an einem zwischen die Felswände quer gelegten, dünnen Baumstamm. Die Erfahrung war außerordentlich dicht. Wir waren im Felsen geborgen, von Mond und Saturn umfangen. In einer Wand hatte das Wasser eine Felsnische ausgewaschen und in ihr Zeichungen wie einen Fisch und eine große Spirale hinterlassen. Wir betasteten den Fels, klopften die

Steine ab, fühlten die Weichheit in der Härte, spürten die Gewalt des mächtigen Mondgongs. Wir schrien gegen den Felsen, tönten das weiche U, ließen uns bergen und tragen. Später kosteten wir in einer Felshöhle die Früchte, die auf dieser kargen und kraftvollen Insel wachsen.

'In der Spirale Saturns'

Der Bericht von Andreas:

In der Spirale Saturns

„In der Kälte im Spiralnebel Saturns
Zittern bis aufs Blut
Du kaltblütiger Stein Du
Ich einsamer Steinbock Ich
Wir fürchten die Wasser
Wir sehnen uns nach Sonne
Der Mond soll seinen Gong ertönen lassen
Ein Festmahl in den Höhlen
in einer Venushöhle mundet der Ziegenkäse
Schmeckten die Weintrauben die Passionsfrucht
Vom 5. Erdteil hier eingepflanzt
Ich hielt den einsamen Felsen aus
Eine Ewigkeit lang
Wünsch mir, übers Haus zu fliegen
So klein mein Haus
So groß die Welt“

Die Quelle

Quellen waren schon immer geomantisch herausragende Orte.Versuche, ob du auch in der Lage bist, in einer relativ unberührten Landschaft eine Quelle aufzuspüren!

Die Quellen hatten seit Urzeiten religiöse Bedeutung, waren sie doch unerläßliche Lebensspender. Wir können die Verbindung mit diesem Archetypus in uns suchen.

Nimm dir Zeit, im Flachland oder im Gebirge eine Quelle aufzuspüren, sei sie auch noch so klein. Vielleicht gibt es in deiner näheren Umgebung auch eine bekannte, sprudelnde Quelle, die du aufsuchen kannst.

– Athanato nero

Athanato nero ist eine Quelle auf der Südseite der griechischen Insel Ikaria. Ihr Name bedeutet übersetzt in etwa 'unsterbliches Wasser'. Die Quelle ist seit dem Altertum bekannt, sie wurde bereits bei Odysseus erwähnt. Sie ist heute noch unerschlossen, und das Süßwasser wird von den Bewohnern Ikarias von Hand in Flaschen abgefüllt und als Heilwasser verwendet. Sie liegt direkt am Meer, das dort von den starken Winden hochgepeitscht wird. Nur ein kleines Rinnsaal kommt zwischen Felsbrocken aus der Tiefe des Berges. Vom Weg her erreicht man sie in ca. 15 Minuten Fußmarsch über viel Geröll. Sie liegt gut versteckt, mit bloßem Auge fast nicht zu entdecken.

Es ist Ende August, die Mittagssonne scheint erbarmungslos auf uns herab. Fast schweigend ist die Gruppe bei der Quelle angekommen.

In einem Ritual waschen sich die Teilnehmerinnen mit dem Quellwasser, trinken es und nehmen in einem Dialog Kontakt mit der Quelle auf.

Andreas schreibt einen lyrischen Dialog:

> „Quelle Du
> Zur Quelle direkt am Meer
> Ich komme weil ich durstig bin
> durstig nach Leben
> Spül mir die alte Anhänglichkeit und die
> anhängliche Trauer fort
> Wasche meine Augen klar
> für klare unaufgestaute Entscheidungen
> Mache mich weich und sanft an Kraft
> wie du
> Immerströmende
> ewig voll an Wünschen
> voll an Ewigkeit und 5000 Jahren
> Geschichte
> Bewässere meine Dürre
> Gluckse mit deiner erfrischenden Fröhlichkeit
> in meinem Garten
> der noch wie ein Kinderbett umzäunt ist
> Komm mach mich gesund"

Uns kommen zum Archetypus Quelle folgende Assoziationen: Reinigen, Schuld abwaschen, sich erneuern, das Jungfräuliche, das Unberührte, der ewige Fluß des Lebens, sich wiedergebären, das Weibliche, die Seelennahrung, Durst und Sehnsüchte des Herzens stillend, Verbindung aus und mit der Tiefe der Mutter Erde, Ursprung ...

Wir können die Erfahrungen dem Element Wasser, dem Zeichen Krebs und dem Mond zuordnen.

Die Höhle

Die Höhle ist ein gewaltiges archaisches Symbol für die Gebärmutter, für die Zeit der Schwangerschaft. Sie bringt uns in Kontakt mit Geburt und Tod, mit der Unterwelt und den darin lauernden Gefahren. Wir haben eine Höhle auf der Insel Ikaria gefunden, in der wir mit einer Gruppe arbeiten konnten. Hier ein Bericht:

Wir steigen langsam die Strecke zum Höhleneingang hinauf über einen kleinen Kalksteinbruch. Da soll der Eingang sein. Er ist gut versteckt. Wir finden ihn erst nach einer halben Stunde. Es herrscht jetzt schon eine nach Innen gekehrte Stimmung bei vielen von uns. Jede bereitet sich auf ihre Art auf die Höhle vor. Am nur knapp menschenbreiten Eingang versammeln wir uns. Jede spricht ihre Ängste und Befürchtungen aus, rüstet sich mit warmer Kleidung, Taschenlampe etc. aus und verabschiedet sich bewußt von der Oberwelt. Jede macht sich ihr Thema klar, überprüft noch einmal ihren Entschluß, ob sie gehen will oder nicht. Ein Seil wird als Sicherheit außen an einem Stein verknotet und in die Höhle hinuntergelassen, damit keine Angst haben muß, daß sie nicht mehr nach oben findet. Einer der Kursleiter geht voraus, und diejenigen, die Hilfe brauchen, folgen ihm direkt. Von Zeit zu Zeit stellt der Kursleiter eine Kerze auf, die den Weg weist. Einige wollen allein gehen. So dauert es, bis auch der zweite Kursleiter am Schluß einsteigt und die Gruppe sich ca. 50 Meter in der Tiefe in einem domartigen Zwischenraum um eine große Steinplatte versammelt. Wir lauschen der Stille, entdecken die Geräusche der Unterwelt. Im Dialog mit der Höhle nehmen einige Teilnehmerinnen Kontakt mit der Unterwelt auf, Trauer und Wut sind ihre Themen. Dann versuchen wir, unsere Anliegen mit der Stimme in Töne zu verwandeln. Die Stimmen steigern sich zu ungeahnter Intensität und Lautstärke, es werden Schreie daraus, ein Konzert der Unterwelt entsteht. Die Höhle nimmt alles auf, gibt Sicherheit, hält zusammen. Aus dem kleinen Inferno entstehen harmonische Klänge, Vokale, ein gigantisches Natur-Konzert. Langsam verliert es sich, Stille kehrt ein. Alle sind bereit, ganz in das Dunkel zu tauchen, die Kerzen werden gelöscht. Nun ist nur noch Stille, tropfendes Wasser, Feuchte und Dichte. Nach ewigen Minuten kann jede entscheiden, was sie hier in der Unterwelt zurücklassen möchte. In einem Ritual wird es vor allen ausgesprochen, es gilt, ist endgülig. Dann machen sich die ersten wieder an den Aufstieg. Nur ein paar Teilnehmerinnen bleiben, sie wollen noch bleiben, um in einer Meditation ihre Erfahrungen zu vertiefen. Draußen angekommen, ist das Licht der griechischen Sonne fast nicht zu ertragen. Oben sucht sich die Gruppe einen schattigen Rastplatz, fast alle sind erschöpft, brauchen jetzt Ruhe.

Renate beschreibt ihre Eindrücke:

Der Höhlentag
„Das Auto bringt uns durch die fruchtbare Gegend des Dionysos, wo die heilige Traube wächst. Eine Gegend, in der Fruchtbarkeit und Kargheit sich umarmen. Der Aufstieg zur Höhle ist nur kurz. Wir sitzen um den unscheinbaren Einstieg. Wie sieht es wohl da drinnen aus? Ich spüre meine Zwiespältigkeit ganz stark. Es zieht mich da hinein. Ich möchte gehen und sehen, spüren, fühlen und erfahren. Daneben steht die Angst. Wird mich die Erinnerung an den Kohlenkeller, in den ich als kleines Mädchen eingesperrt wurde, packen, daß ich starr und unempflindlich werde? Ich weiß nicht mehr, was ich dem Eingang sagte. Mein Wunsch war, hineinzugehen, zu erleben und wieder herauszukommen. Der Einstieg war nicht schwer, doch erstaunte mich der lange Gang bis zur eigentlichen Höhle. Lange konnten meine Augen nur die Kerzen sehen und schwarzen Stein, schwarzen, kalten Fels. Als ich zur Gruppe stoße, werde ich auf Etwas aufmerksam gemacht, das über uns auf den Felsen geschrieben steht. Erst nach einiger Zeit bringe ich die Buchstaben zusammen. Mein Name steht da schwarz und groß. Na ja, da war eben schon mal eine mit diesem Namen hier, denke ich und setze mich irgendwo hin. Ich warte, bis meine Augen besser sehen, dann zieht es mich weiter hinunter, weg von den Anderen. Ich steige ein gutes Stück weiter hinunter, wo es kälter, nasser und glitschiger wird. Die Höhle wird immer größer und größer, je mehr sich meine Augen an die Dunkelheit gewöhnen. Langsam wird mir klar, daß ich in einem großen Dom sitze. Ich habe keine Angst, sondern ich bin in eine herrliche Ruhe, in Sicherheit und Geborgenheit eingehüllt. Trotz

der kühlen Luft hier unter der Erde, durchströmt mich eine angenehme Wärme. Ich traue mich nicht ganz hinunter, wo ein Durchgang in eine nächste Höhle zu sein scheint. Die Felswand ist zu steil und zu glitschig. An den Wänden und von der Decke sehe ich gelb-weiße Stalaktiten in vielen Größen und Formen. Und da, ganz zuunterst stehen „die Beiden". Eine große, aufrechte, starre Frauengestalt, eingehüllt in lange Tücher, versteinerte Tücher, die sie hier festhalten. Daneben steht die kleine Renate, auch sie trägt ein langes Kleid, bis auf den Boden. Doch sie ist nicht starr, sie streckt mir ihre Arme entgegen und ruft mich: „Komm her zu uns, zu deiner Mutter". Ich betrachte den Weg, der uns trennt. Der schwarze Fels scheint mir plötzlich nicht mehr so steil und glitschig und es sieht so aus, als ob hier ein Weg, eine Treppe hinunter führte.

Da kommmt mir die Erinnerung an ein Gespräch von heute morgen mit einer Mutter aus unserer Gruppe. Sie erzählte mir von ihrer Tochter, ich höre das Wort „Symbiose". Wie weit habe ich in einer symbiotischen Beziehung mit meiner Mutter gelebt? Habe ich mich wirklich immer noch nicht ganz von ihr gelöst? -- Nein, da hinunter muß ich nicht, sei der Weg, wie er wolle. Diese kleine Renate hat nichts mit mir zu tun. Mir schien, als ob ich lange da gesessen habe und die beiden Gestalten betrachtete. – Oben aus der Gruppe höre ich den Schrei einer Frau: Schreit mit mir, laßt mich nicht allein! Ich stehe auf, steige, ja springe hinauf zu den Anderen. Ich will auch da sein, die anderen spüren. Ich greife nach den ersten Händen, sie sind so warm, so wohltuend. Schon laufen mir die Tränen über das Gesicht, ich spüre eine Hand auf meinem Kopf, ich kann ihn auf ein Knie legen. Ich weine um alles, was ich verloren habe, um alles, das ich nie gehabt habe und ich weine mit der anderen Frau. Ich höre Schreien um mich und ich merke langsam, daß ich von meiner Mutter weg zu einer anderen Mutter gelaufen bin. Ich knie vor ihr und tröste mich bei ihr und dies ist GUT so!

Diese große, so beruhigende Höhle hat all das Weinen und Schreien aufgenommen, und es schien mir, als ob der Stein sanfter geworden wäre. Natürlich mußte aus all dem Schreien ein Tönen und Singen werden. Ich stand mitten auf dem großen Felsen und das A,O,U,Ö und E klang voll aus mir heraus, dazwischen auch ein paar krächzende, hässliche Ä, aber vor allem A und O. Es war mir auf einmal, als ob ich vor Gott stehen würde. Meine Fantasie half mir, meinen Gott zu sehen. Groß saß er im Felsen vor mir. Ein Gott mit mehreren Armen und Beinen, wie die Götter, die mich in Indien so beeindruckten. Aber der Kopf war nicht zu sehen, da war nur ein großer, dunkler Schatten. 'Ich weiß, ich darf dein Antlitz noch nicht sehen, – wie lange noch nicht?'

Langsam verlassen die anderen die Höhle. Auch ich steige den Gang hinauf, dem hellen Loch entgegen. Draußen empfängt mich eine strahlende, warme Sonne und ein neuer, klarer Ausblick auf die Olivenbäume, die Sträucher und Häuser, tiefer am Hang liegend. Die Luft ist voll vom Summen der Bienen und dem herben Duft der unzähligen Salbeistauden. Ich bin todmüde und genieße den Schlaf unter dem alten, schützenden Olivenbaum. Zuhause forme ich die beiden Gestalten aus Ton."

Zum Archetypus Höhle tragen wir zusammen:
Gebärmutter, Unterwelt, Hölle, das Reich der Toten, die ewige Nacht, das Dunkel, Ruhe, Geborgenheit...
In der Sprache der Astrologie sind das die Planeten Mond und Pluto.

Der Sand

Wir haben uns an einem goldgelben Sandstrand versammelt. Es geht uns für die kommenden Stunden darum, uns mit dem Sand vertraut zu machen. Jede nimmt mit ihren Händen Sand und läßt ihn durch ihre Fäuste rieseln.

Sand – vielleicht tausend Jahre alt, durch das Meer ganz fein gemahlen. Lauter kleinste Steinchen, die der Wind jetzt von ihrem Fall aus meiner Hand ablenkt, zur Seite bläst, in alle Richtungen verstreut.

Wir spüren ihn, wenn wir gehen. Er gibt nach, und trotzdem bleibt der Boden, auf dem wir stehen, fest. Wir buddeln uns gegenseitig bis zum Hals ein. Manche fühlen sich eingeschlossen, begraben, ihnen fehlt der Raum zum Atmen, sie sind bedrängt von der Last des Sandes. Andere empfinden vor allem wohltuende Wärme, Geborgenheit. Bald halten es einige nicht mehr aus, befreien sich mit Gewalt. Wir rennen, brauchen dafür viel Kraft, weil der Sand nachgibt.

Wir tun uns zu zweit zusammen. Die Eine läßt pausenlos über den ganzen Körper der Anderen Sand rieseln, als berührten sie unsichtbare Hände überall. Das erfrischt, kitzelt, massiert und geht in die Tiefe. Die Berührung ist unerwartet klar und gleichzeitig flüchtig, nur für den Moment. Bald wird aus dem Berieseln ein Bewerfen, dann ein kräftiges Schmeißen. Die Sandkörnchen können ganz schön „beißen“ oder stechen. Es ist aber nicht möglich, richtig brutal zu werden, der Sand läßt das nicht zu. Wenn er bei der Partnerin ankommt, ist er schon nicht mehr fest und hart. Später ruhen wir uns aus, fühlen den Sand unter dem Rücken, er kann uneben sein, drücken und stören. Wird er nass, ist er schwer und hart, das merken wir beim schnellen Lauf über die nasse Sandbank.

Im Sand gibt es keine Ecken und Kanten, nichts Spitzes. Er gleicht alles aus. Er erinnert uns an Waage/Venus mit ihrer ewigen Ausgleichstendenz, an die Sanduhr als Symbol für die begrenzte Zeit, an unsere Nichtigkeit, wenn wir ein einzelnes Sandkorn anschauen. An die Beweglichkeit und Wandelbarkeit der Form...

Astrologisch begegnen wir also Waage/Venus, dem Prinzip der stetigen Anpassung mit dem Ziel Ausgleich und Harmonie.

Der Schlamm und Sumpf

In der naheliegenden Lagune stellen wir uns mit den Füßen in den Sumpf, dort wo es lehmig und brackig ist, das Wasser warm und dunkelbraun ist. Wir sinken in den Morast, in die Erde. Langsam quillt der Schlick zwischen unseren Zehen hindurch, bedeckt die Füße. Wir sinken weiter, solange es geht, Schlingpflanzen umfangen uns, bald tauchen wir unter. Wir bleiben, bis wir fast ersticken, lassen uns dann von den Kursleitern und Teilnehmerinnen, die das Geschehen „überwachen“, aus dem Sumpf ziehen.

Das Gefühl, vom Chaos aufgesogen, vom Urgrund verschlungen, von unsichtbaren Händen nach unten gezogen zu werden, war für die meisten zwiespältig, schwankte zwischen Angst und Ohnmacht und sicherer Geborgenheit.

Überlassen wir uns voller Vertrauen, lassen wir uns nach Hause holen, lösen wir uns auf, werden wiedergeboren in eine andere Welt, begegnen wir dem Meeresgott Neptun und schliesslich Pluto als dem grossen Gestaltwandler.

Der Berg – Die Sonne

Wir machen uns mit einem alten klapperigen Bus auf, die südwestlich gelegene Hochebene von Pezi zu erklimmen. Nach ca. zwei Stunden abenteuerlicher Fahrt auf Naturstraßen und kleinen Ziegenpfaden hält der Bus dort, wo ein Weiterfahren nicht mehr möglich ist. Das letzte Stück zu unserem Ausgangspunkt, der Einsiedelei Agios Isidores, gehen wir zu Fuß. Wir haben uns das Thema Berg/Sonne, vorgenommen.

Es ist kurz vor Mittag. Wir haben den Sonnengong mitgenommen und stimmen uns mit einer Gongarbeit (siehe Seite 150) auf die Sonne im Zenith ein.

Dann gehen wir zum Gipfel. Die Gesteinswelt dieser Gegend ist außerordentlich: bizarre, hochgeschichtete Felsplatten formen ein Naturdenkmal nach dem anderen. Nur wenige Flechten, Buschgräser, Disteln und Felsenblümchen wachsen noch. Für die wilden Ziegen, die bei unserem Anblick die Flucht ergreifen, reicht das allemal.

Etwas weiter oben trennt sich die Gruppe. Jede geht nun alleine und schweigend auf ihrem eigenen Weg zum Ziel, zur Bergspitze weiter.

Andreas:
In der Sonnenschmiede
„An einer Kapelle nehmen wir den Sonnengong in uns auf. Der Ton reitet Helios Streitwagen.

Schweigend zieht uns der Berg wie ein Riesenmagnet.

Leicht fliegen die Schritte. Ich spüre meine Steinbockqualitäten, sicher, eigensinnig und kraftvoll meinen Weg zur Spitze anzutreten. Unterwegs baue ich eine Konkurrenz zu einem Mitaufsteiger auf, der davon gar nichts merkt. Manche tragen für zwei.

Mir aber bedeutet es was, diesmal als erster oben zu sein. Und ich bin der erste! Ich bin Spitze! Ich bin kein Schlaffi, bin voller Berglöwenkraft. Und abends gibt's Lammfleisch. Den Löwen die Sonne, den Silberlöwen die Berge!

Das Ende des unmännlichen Mannes. Ich trete meinen Platz nicht ab."

Renate beschreibt ihre Erlebnisse so:

„Seit ein paar Tagen weiß ich, wo der Sonnengong steht. Ich habe ihn bereits mehrmals besucht. Langsam habe ich mich mit ihm angefreundet. Zuerst brauchte ich eine gewisse Distanz zu ihm, dann konnte ich sachte auf ihn zugehen. Ich blieb lange neben ihm stehen und konnte seine Schwingungen wahrnehmen, oder waren es meine eigenen Schwingungen, die er mir wiedergab? Woher kamen diese ganz ganz leisen, zarten Töne? Zuletzt war es mir auch möglich, ihn sanft anzuschlagen. Ich kam mir vor, wie ein kleines Mädchen, das den Löwen ein bißchen streicheln, aber nicht aufwecken will.

Heute haben wir ihn zu einer Einsiedelei hoch hinauf in die Berge mitgenommen.

Nachdem wir unsere Arme als Fühler ausgestreckt und auf diesem Wege die Himmelsrichtungen ausfindig gemacht haben, stellen wir den Gong neben einem herrlichen, alten Baum auf.

Ich suche mir meinen Platz ihm gegenüber, in genügender Entfernung, denn ich spüre Respekt, ja vielleicht immer noch etwas Angst vor diesem Gong. Nachdem ich sicher stehe und Kontakt mit der großen, goldenen Scheibe aufgenommen habe, schließe ich die Augen und warte auf den Klang. Sanft und weich erreicht er mich, hüllt mich langsam ein, schwillt an, wird stärker, voller, runder. Langsam kommen alle Obertöne dazu, diese Fülle kann ich nicht mehr mit meinem Körper aufnehmen, mit meinen Armen mache ich mich breiter, sodaß ich selbst zu einem großen, runden Gong werde. Mein Atem durchströmt mich tief und voll. Noch nie empfand ich mich so groß, so lebendig, so herrlich

Gong auf Agios Isidores

aufgefüllt von Klang und Luft. Sicher stehe ich da und nehme diese unendlich große Klangwelt mit allen sanften, weichen, allen spitzen, schrillen und feurigen Tönen in mich auf. Mir scheint, als ob jede meiner Zellen mitschwingen würde. Da ist kein Schmerz, kein Schrecken, keine Ablehnung, sondern nur noch Hingabe an diese klingende Welt. Nur Ich sein. Angefüllt von diesem Sonnenklang steigen wir den Berg hinauf, noch höher, noch näher zur Sonne."

Der Wind

Die ganze Gruppe ist inzwischen oben angekommen. Wir stehen auf einer Felsplatte, die etwa 40 m^2 groß ist. Es bläst ein unglaublicher Wind, wir schätzen etwa Stärke 7. Er bläst ohne Unterbrechung, macht es möglich, sich über die Kante nach draußen ins Nichts auf den Wind zu legen, sodaß wir nur noch vom Wind getragen werden. Die Kleider werden fast vom Körper gerissen, so flattern und zerren sie an uns.

Weiter der Bericht von Andreas:

„Ich werfe mich dem Wind an die Brust; der tobt, schiebt, pfeift mit Stärke! So einen Wind hab ich noch nie gespürt. Da kann man schon Lust bekommen, sich nackt vom Wind umarmen zu lassen.

In der Sonnenschmiede auf dem Gipfel, Helios Kraftschlägen nahe, schwillt mir die Brust: Den Kampf nehme ich auf. Meine Strahlkraft aber laß ich nicht verglühen, ich vergeude sie nicht.

Wind

Ungelebte Machtkonflikte mit einem schwachen Vater, Vaters Zorn herabbeschwören, alte Partien und Rechnungen begleichen, Fang-mich-Bestraf-mich-Spiele mit Ersatzvätern austragen? Nein danke!

Ich zerschmettere Vaters Verbotstafel: Du darfst nicht erster sein!

An der äußersten Stelle einer 800 m abfallenden Felswand breche ich eine sonnige Distel. Nur Disteln halten solche Sonnennähe aus, unversengt, mit kleinem Atem.

Unten wütet das ägäische Meer. Der MELTEMI läßt das Meer aufmarschieren, peitscht seine Hilfstruppen auf, rollt Angriffswelle um Welle gegen die stolze, rote Insel, setzt den Strandfelsen Gischtkronen auf und wirft seine wildschäumende Brut - eine weiße Unschuld - ans harte Land. Elementen-Kampf. Ein Meer fliegender Delphine in Weiß ... Im Dunst versunkene Nachbarinseln.

Beim Abstieg schultere ich den Sonnengong, vergesse die Distel. Vielleicht ist's genug der Dornen und Disteln im Leben. Durch eine Felszyklopenlandschaft geht's bergab, in beschwingtem Schweigen. Vorbei an einem Felsen, der einer Schildkröte gleicht, zieht die verstreute Herde der BergsteigerInnen zurück ins Reich der Vegetation.

Kraft wecken ist eines. Eine Bahn für sie schaffen - ist meine Aufgabe."

Renate schreibt über den Wind:

„Je höher ich stieg, je kräftiger wurde der Wind. Oben stand schon einer. Mit weit ausgebreiteten Armen stemmte er sich gegen den Wind. Nach kurzer Zeit war ich bei ihm. Zuerst nahmen mir die wuchtigen Luftwellen beinahe den Atem, doch dann lege auch ich mich voll in den Wind, laß die Luft tief in mich hinein. Es ist nicht anders möglich, als sie mit Tönen, Rufen, Jauchzen und Schreien wieder aus mir herauszulassen. Ich wundere mich über meinen festen Stand. Ich stemme mich mit dem Rücken gegen den Wind, lege mich mit der Vorderseite auf ihn, über die Felswand hinaus, als ob ich wegfliegen wollte. Ich drehe ihm meine Schmalseite zu und laß ihn so an mir vorbeisausen. Da ist soviel Kraft, soviel spielerische Freude, so viel Lebenslust und Waghalsigkeit. Ich sehne mich nach Leichtigkeit und bin begeistert von meiner Standfestigkeit.

Außer Atem und überglücklich lege ich mich auf eine windgeschützte Felsplatte und laß mich von der Sonne wärmen. Mit weit ausgebreiteten Armen liege ich wie ein Kreuz da und überlaß mich genauso der Wärme und der Sonne, wie ich mich vorher dem Wind übergeben habe. Diese Stellung läßt mich größer und größer werden, die Felsplatte ist zu klein, um mein ganzes Ich zu tragen.

Nach einiger Zeit setze ich mich auf und spüre wieder den Wind wie Peitschenhiebe auf meinem Rücken. Viele hundert Pfeile prasseln brennend und stechend auf mich nieder. Ich schließe die Augen und höre das Schwirren und Flimmern, das Blitzen und Prasseln, ein wildes Jagen und Brausen wie beim schlimmsten Unwetter. Soll ich mich schnell wieder hinlegen? Ich bleibe sitzen und warte. Das Brennen und Blitzen nimmt langsam ab, es wird ruhiger um mich und langsam hüllt mich ein immer dichter werdender Nebel ein. Da ist plötzlich keine Wärme mehr, aber auch keine Kälte. Ich sitze alleine auf diesem Stück Fels, sehe nichts, höre nichts und warte, - sitze und warte - .

Jetzt will ich nicht einmal mehr die Augen öffnen, um die Wirklichkeit zu sehen. Langsam wird es heller um mich, langsam steigen vor meinem inneren Auge die Berge, die kantigen Felsen, ein strahlender Himmel und ein tiefblaues Meer auf und von einem Berggipfel zum anderen spannt sich der schönste und leuchtendste Regenbogen, den ich je gesehen habe. Mir wird so warm und leicht zumute, eine große Dankbarkeit und Fröhlichkeit steigt in mir auf. Wie gut ist es doch, daß ich die Ruhe gehabt habe, sitzen zu bleiben und zu warten, bis der Sturm (in mir) sich legte. Es war gut, im Nebel zu bleiben.

Auf einer großen Felsplatte etwas weiter unten ist der Wind kaum mehr zu spüren, dafür raubt die Aussicht mir fast den Atem. Tief unten, 800 m tiefer, liegt eine kleine, idyllische Bucht. Das satte Grün leuchtet zu mir hinauf, und die weißen Häuser liegen darin wie weidende Schafe. Das Meer in seinen vielen dunklen und hellen Blautönen ist so weit, so groß und mächtig. Vor mir ist nichts anderes als steil abfallender Felsen und Steine bis zu diesem saftigen Grün.

Ich stehe ganz außen auf der Felsplatte und schaue hinunter, so tief. Ich schaue zum Himmel, so hoch, ich schaue über das Meer, so weit. Da ist es wieder, ich bin angefüllt von all dieser Pracht. Wieder stehe ich da und laß mich durchströmen von meinem Atem, von all dem Leben um mich und in mir. Ich, ein kleiner, winziger Bestandteil dieser herrlichen Schöpfung. Ich kann nicht anders, mit lauter, kräftiger Stimme rufe ich zwei volle Ja in die Welt hinaus. Ja, ich gehöre dazu! Ja, ich will mein Leben leben!

Auf dem Weg zurück in die Einsiedelei fühle ich mich sicher aufgehoben in der Pracht der Regenbogenfarben und in der Fülle der Sonnenklänge."

Frieda beschreibt ihr Winderlebnis so:

„Ikarus
Du willst mich umblasen,
aber ich halte stand.
Nehme alle Kraft zusammen,
stehe fest auf meinen Füßen,
breite meine Arme aus
und zeige Dir meine Brust.
Ich bin so stark wie Du,
Du machst mir keine Angst.
Ich stehe im Windkanal,
Du gleitest an mir vorbei.
Wenn ich mich an den Stein schmiege
ist Deine Gewalt gebannt.
Aber das will ich nicht.
Ich will mich Dir stellen.
Ich bin Dir ebenbürtig
Du hast keine Macht über mich."

Auf der Felsenplatte

Zum Element Luft/Wind/Sturm fanden wir:
Getragen sein, fliegen wollen wie Ikarus, sich vom Boden lösen, erhaben und mächtig sein, leicht und schnell sein, beweglich sein, kommen und gehen...

Astrologische Zuordnungen sind Merkur/Zwillinge, als Schattenqualität der Gegenpol Jupiter/Schütze, in der Kraft Mars und in der Gewalt Pluto.

Der Baum

Suche dir an einem schönen Tag einen Aussichtsplatz mit großem Panorama. Laß deine Augen über die Landschaft gleiten, ohne krampfhaft nach etwas zu suchen. Schau mit weitem, weichem Blick, laß die Bilder zu dir kommen. Suche so nach einem (für dich) besonderen Baum. Wenn du ihn gefunden hast, verweile bei ihm. Wo steht er? auf einer Kuppe, in einer Senke, allein, in einer Gruppe? Wie ist er gewachsen, was für ein Baum ist es? Ohne dir gleich Antworten zu geben, gehe los und laß dich zu diesem Baum führen, am besten querfeldein. Bleib im Kontakt mit ihm, sei dir bewußt, daß du dich ihm näherst. Du wirst ihn immer besser kennenlernen, aus neuer Perspektive sehen, manchmal entschwindet er dir.

Bist du ihm näher gekommen, umkreise ihn, damit du sein ganzes Umfeld spüren kannst. Jetzt kannst du bereits ein erstes Gespräch mit ihm führen, um ihn zu begrüßen.

Ein Beispiel:
„Mächtig stehst du da, du hast deinen Platz gefunden. Kein anderer ist in deiner Nähe. Dein Stamm ist in der Mitte knorrig abgewinkelt, so sind dir zwei Kronen gewachsen. Da hat es dich gebogen. Da wurdest du gedrückt. Da ging es nicht einfach weiter hoch, so wie du gerne gewachsen wärest. Du bist zwar eine Eiche, aber du siehst in der Silouette wie ein Ente aus. Jetzt komme ich näher zu dir. Dein Stamm ist kräftig, dein Alter kann ich nicht schätzen, vielleicht 100 Jahre? Eine kräftige Rinde schützt deinen Stamm, damit dir dein Lebenssaft nicht verloren gehen kann. Innen bist du saftiger, ich weiß. Deine Wurzeln gehen tief, da wo Wasser und Nahrung sind. Immer wächst du dem Himmel entgegen. Deine Blätter fangen alles Licht auf. Deine Wurzeln werden genau im gleichen Maß dicker wie der Stamm, bohren sich im selben Maß tiefer in die Erde wie du höher wächst, sodaß du mit deinem Unten immer verbunden bleibst. Ich umfasse dich mit meinen Armen, spüre deinen Stamm, laß meine Hände deine Rinde liebkosen, fühle eine enorme Sicherheit bei dir. Wenn du gestattest, werde ich jetzt in deinem Schatten ruhen, deine Kraft spüren."

Nimm dir Zeit den Baum aus allen vier Richtungen anzusehen. Welchen Ort hat dein Baum gewählt?

Um das Kraftfeld des Baumes aufzunehmen, entfernst du dich wieder, am besten immer mit der Vorderseite dem Baum zugewandt, bis das „Feld", die Energie des Baumes, merklich abnimmt. Diesen Punkt kannst du auf einer Skizze als Abstand in Metern oder Schritten einzeichnen. Ich schlage vor, alle vier Himmelsrichtungen und die dazwischenliegenden Achsen so „auszumessen". Das kann so aussehen:

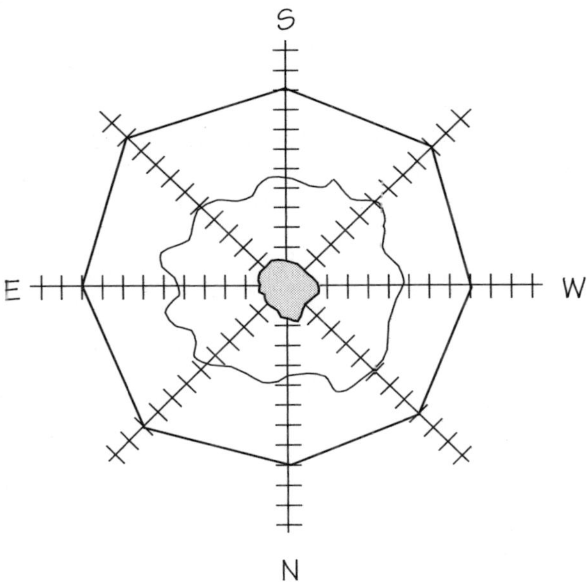

Du hast dann ein Bild der relativen Kraft deines Baums aufgenommen. In der Folge kann es sich lohnen, die Umgebung des Baumes ein zweites Mal anzuschauen. Wie nahe steht der nächste Wald, Baum oder Strauch? Was fällt dir an seiner Umgebung auf? Hat sie etwas mit seinem Kraftfeld zu tun?

Wie ist es, wenn du dich an den Baum lehnst, seine Rinde betastest, den Baum mit deinen Armen umschlingst? Ist es dein Baum? Gehört er zu dir? Fühlst du dich wohl bei ihm? Ist er dir verwandt? Kannst du ihm alles anvertrauen? Bevor du dich von ihm verabschiedest, wünsche dir etwas von ihm, stelle eine Frage und lausche seinen Blättern. Vielleicht erhälst du eine Antwort. Laß dir viel Zeit für die Rückkehr, laß Raum für alles, was du erlebt hast, bevor du wieder eintauchst in den Lärm der Stadt.

Eine schöne Anleitung zu einer Art Baumastrologie gibt FRIDA HUWILER in ihrem Buch „Lebensbäume“.

Versuche, einige Begriffe zu finden zum Symbol Baum, z.B.:
Lebensbaum, Baum der Erkenntnis, Stammbaum, Individuation, unten verwurzelt sein, oben sich entfalten können, die Gegensätze umschließen.

Astrologisch begegnen wir der Achse IC-MC, d.h. den Zeichen Krebs-Steinbock als Wachstumsachse.

Musik und Ritual

Gongs

Der Gong wirkt auf den ganzen Menschen. Im körperlichen Hören können wir das Empfindungsbewußtsein für unseren Leib schulen. Wir erfahren dabei unser Körperbild wie in der Leibtherapie und können fehlende Bereiche integrieren, die Eigenwahrnehmung ausbilden und verfeinern. Spannungen können gelöst, Bereiche mit zuwenig Spannung können tonisiert werden. Die Arbeit mit Gongs wirkt auf verschiedenen Resonanzebenen: der des Körpers, der Seele und des Geistes.

Im Gongklang und in der (Gong-)Stille kann unsere Seele bis in die tiefsten Schichten des kollektiven Unbewußten hinein berührt und „geheilt" werden.

Gongs haben bis vor ein paar Jahren bei uns im europäischen Kulturraum kaum eine Rolle gespielt. In der Orchestermusik dienten sie dazu, Hintergrund-Effekte zu schaffen. Sonst kannte man sie allenfalls noch als sogenannte Dinner-Gongs. Meist waren sie in unserem Bewußtsein mit irgendetwas Fernöstlichem verbunden, mit Japan, oder China.

In den letzten Jahren bemühten sich einige Musiker und Therapeuten intensiv um Herkunft, Wirkungsweise, Spielkunst und den musiktherapeutischen Einsatz des Gongs.

Auf meiner Suche nach einem Medium, das die astrologischen Archetypen und Symbole erleb- und erfahrbar macht, stieß ich schon bald auf die Gongs. Sie sind voller Magie, sie sind uns fremd, ehrfürchtig stehen wir vor ihnen. Sie fordern uns heraus, animieren uns zur Auseinandersetzung. Sie ermöglichen, ja fordern den unmittelbaren Kontakt mit den Urprinzipien.

Ihre runde Form zeigt, daß sie ganz sind, also beide Pole eines Prinzips beinhalten, jedenfalls, solange sie nicht gestimmt sind. So sind in ihnen auch die Schattenseiten integriert. Gongs ermöglichen eine Art des Umgangs mit den astrologischen Urprinzipien, den ich als ganzmachend und damit als heilend verstehe. „Die Praxis des Heilens war ein wichtiger Teil dessen, was

Pythagoras in Kroton lehrte. Doch kann Heilen verschieden aufgefaßt werden. In archaischer Zeit heilte der Schamane, indem er den Kranken zum Kraftreservoir, zum kollektiven Psychismus seines Stammes zurückführte. Der Priester vitalistischer Kulte heilte durch Anrufung des Gottes oder der Göttin (Archetypus S.B.), die er und der Kranke als Ursprung des mächtigen Flußes des Einen Lebens verehrten. Mit Pythagoras wurde Heilen zum Harmonisieren des Mißklangs im teilweise individuierten und psychisch gestörten Menschen. Der Klang selbst war die Heilkraft, die Pythagoras einsetzte - der Klang als Kraft, die harmonisiert".

(Dane Rhudyar: Magie der Töne, S.60)

„Für die Musiker alter Zeiten waren Instrumente, wie die Vina, die tibetische Trompete oder die großen javanischen Gongs die Körper von Göttern." (ebenda, S.161)

– Mit ganzheitlichem Hören ein kosmisches Prinzip erfahren

In einer Gruppe geht es um das Mondprinzip.

Wir haben den Raum astrologisch kennengelernt, wissen, daß der Mondgong im Süden stehen muß. Das Zeichen Krebs und der Süden entsprechen sich. Bevor wir mit der Gongarbeit beginnen, bedarf es einiger Vorbereitungen.

Wir kommen wirklich im Raum an und arbeiten an unserem Stand.

Wir machen unsere Füße mit einigen Übungen lebendig, bis wir uns getragen und verwurzelt fühlen. Wir suchen, jede für sich, den Ort, von dem aus wir dem Gong begegnen wollen. Dann lassen wir den Gong optisch auf uns wirken. Danach sprechen wir unsere Fantasien und Befürchtungen aus. Damit die Teilnehmerinnen keine Angst zu haben brauchen, erkläre ich ihnen genau, was ich tun werde: „Ich werde den Gong zuerst leicht, dann etwas stärker, jedoch noch nicht überwältigend anschlagen. Ihr könnt eure Position verändern, sodaß es euch möglich ist, den Klang voll aufzunehmen, ihn zu spüren. Laßt euch von ihm bewegen."

Zunächst geht es um die allgemeingültige Qualität des Mondes. Es ist erstaunlich, was für ein Reichtum an Erleben und Wahrnehmung aus einer einzigen Begegnung mit einem Gong entstehen kann. Ich gebe die von der Gruppe gefundenen Worte als Beispiel wieder.

Archetypus Krebs/Mond:

Ruhe, Wasser, Wärme, Geborgenheit, tiefes Samtblau, der Sandboden trägt mich, kühl, silbern, nicht greifbar, Dunkelheit macht ihn schön, fließende Bewegung, sein Licht läßt scharfe Konturen zerfließen, zuverlässig, scharfe Schatten geben Orientierung, ich bin nicht allein, Du, hoffnungsvoll, berührt werden in der Tiefe, unerschöpflich, umschlossen, Menstruation, mich öffnen, empfangen, weich, aufnehmen, außen dunkel, innen hell, wohlig, warm, Zeit haben, erdhaft, ursprünglich, nach innen, Meditation, sehnen, umarmen, Halt, sein, Schale mit Öffnung, Kreis, Harmonie, warten, mitbewegen, romantische Gefühle, Sicherheit, unstörbar, rhythmisch, Angst, Blick, ewig, Melancholie, Depression, Trauer, Sanftheit, Träume, die Arme ausstrecken, geben und nehmen, fließender Strom, Meer, Kind, zuhause sein, loslassen, heilen, erholen, demütig, nach unten kommend, ankommen, zurückkehren, zuhause sein...

Roses Zeichnung ihrer Erfahrungen mit dem Mondprinzip:

Im zweiten Schritt biete ich die „andere Seite" des Mondgongs an. Jetzt schlage ich kraftvoller, versuche alle Klänge, die der Gong in sich trägt, zum Klingen zu bringen. Wieder sollen die Teilnehmerinnen ganz auf der Empfindungsebene bleiben, das Persönliche noch nicht in den Vordergrund treten lassen.

Die Mondschattenseite wurde so empfunden:

stark, energisch, kraftvoll, lüstern, ekstatisch, ekelhaft, häßlich, Giftpfeil, ringen, grell, umgarnen, aufbäumen, verwandeln, leiden, bluthaft, zerstören, chaotisch, gefährlich, bedrohlich, hart, schneidend, brodelnd, läßt sich nicht bestimmen, kommt von verschiedenen Stellen, unberechenbar, Geheimnis, beißen, Gift, Hunger, Haß und Neid, packen, verschlingen, einfangen, schleichen, zischen, keifen, zwirbeln, stoßen, ziehen, klemmen, schneiden, reißen, drängen, lärmen, töten, sich winden, schlängeln, Blitz und Donner, Krach, verstecken, verheimlichen, stechen, Hexen, zaubern, kneifen, wegnehmen, für sich behalten, Riß, Zacke, zischen, raunen, tuscheln, poltern, vertreiben...

Rose zeichnete die Schattenseite des Mondes:

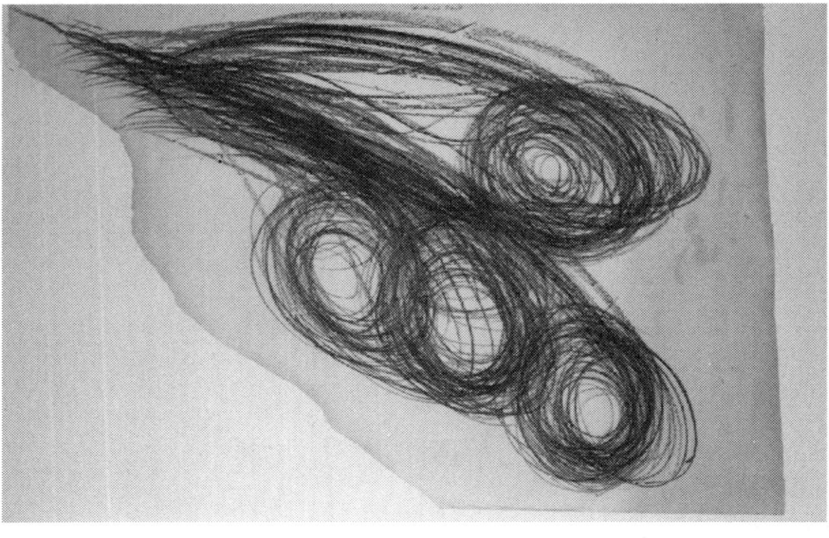

Im nächsten Schritt geht es darum, dem Gong zu begegnen. Verlierst du dich im Gong? Geht der Klang durch dich hindurch? Überwältigt er dich? Stößt er dich ab, zurück? Mußt du dich gegen ihn abgrenzen oder wächst du mit ihm?

In einer anschließenden kreativen Phase können dabei aktuelle Konflikte, Spannungen und Ambivalenzen bewußt werden. Zudem können plötzlich Kindheitsbilder und -gefühle wachgerufen werden, die vielleicht einer weiteren Bearbeitung bedürfen.

In der nächsten Stufe übernehmen die Teilnehmerinnen mehr Verantwortung, indem sie den Gong unmittelbar als Projektionsfläche, als Spiegel für sich selbst benützen. Manche überschätzen sich, schlagen den Gong zu stark an, können seinen Ton dann nicht ertragen. Andere sind zu zaghaft, lernen erst, stärker zu schlagen, finden so mehr Vertrauen zu sich, bestätigen sich mit Hilfe des jeweils erzeugten Klanges. So lassen sich im Kontakt mit dem astrologischen Prinzip positive Grenzen finden .

Wenn es darum geht, sich abzugrenzen, kommt fast automatisch die Stimme mit ins Spiel. Manche singen gegen den, andere mit dem Gongton. Die schon beim passiven Hören gefundenen Resonanz- und Atembewegungsräume werden für die Wiederaneignung des entsprechenden astrologischen Prinzips wichtig.

In der nächsten Phase dringen wir tiefer in das Prinzip ein, indem wir die Arbeit mit dem Gong intensivieren. Sie wird meditativer, ritueller. Der Gong wird dabei eine halbe oder ganze Stunde lang regelmäßig und gleichförmig geschlagen. Die Teilnehmerinnen tönen dabei den dem Prinzip entsprechenden Vokal, also für den Mond das „U“. Es entsteht eine Art Trance, die uns den überpersönlichen Raum des Prinzips erschließen kann.

– Das klingende Gong-Horoskop

In einer Art kosmischem Sonogramm läßt sich mit verschiedenen Planeten-Gongs ein individuelles Horoskop darstellen, ähnlich wie wir dies vom Astrodrama her kennen. Die einzelnen Gongs müs-

sen, den Planetenstellungen entsprechend, am richtigen Ort im Kreis aufgestellt werden. Die Horoskop-Eignerin stellt sich in die Mitte und kann so ein präzises Klanggefüge erleben, das sie ihre Identität intensiv erfahren läßt. (Die Zeichenstellung der Planeten bleibt dabei unberücksichtigt.)

JOHANNES HEIMRATH beschreibt in seinem „Sonogramm der Persönlichkeit" ein ähnliches Vorgehen, das sich vor allem an den Elementen orientiert.

Musik, Stimme, Vokalräume

Haben wir die astrologischen Archetypen in uns gefunden, werden sie bald Gestalt annehmen wollen. Für manche heißt das, die Stimme in die dramatische Darstellung eines Archetypen einzubeziehen.

In einer Gruppe sind wir 16 Frauen und zwei Kursleiter, die bei einer Mondarbeit („Die Integration von unbekannten und zerstörerischen Mondenergien") bei den Schattenseiten dieses Archetypus angelangt sind. Das Bild der Hexe taucht auf. Wir bieten den Frauen an, sich mit allen gefundenen Schattenseiten des Mondes zu identifizieren, sie als Hexen in Besitz zu nehmen. Einige Teilnehmerinnen haben einfache Musikinstrumente mitgebracht: Flöten, Trommeln, Triangel, Schlaghölzer etc., andere nehmen was da ist: Töpfe, Büchsen etc. Sie machen Hexenmusik als Klangteppich für einen Hexentanz. Bald schon teilt sich die Gruppe in Musikerinnen und Tänzerinnen. Rasch werden die Kleider abgelegt oder gewechselt, die Haare losgebunden. Die Hexenlaute steigern sich mehr und mehr. Der Tanz wird ekstatisch. Fast jede Frau verwandelt sich in eine Hexe. Ein Kursleiter macht zwischendurch ein paar liebliche Gongklänge, dem konventionellen Frauenbild entsprechend, die die Frauen jetzt bekämpfen, indem sie dagegensingen. Dann läßt er im Gong die Schattenseiten erklingen, um der Gruppe noch mehr Energie zu geben, es jeder Hexe zu ermöglichen, sich stärker als der Gong zu fühlen. Bald ist der Höhepunkt erreicht, die Bewegungen klingen ab, die Stimmen werden leiser, der Klangteppich entschwindet. Erschöpft sinken einige zum Boden, tiefe Ruhe breitet sich aus. In diese Ruhe hinein tönt ein Kursleiter ein ganz leises U. Dieses U nimmt die Qualität dieser Ruhe genau auf. Langsam tönen auch die Frauen das U und lassen es über eine lange Zeit hinweg klingen.

Es ist deutlich geworden, welcher archetypische Stimmausdruck, welcher Vokal zur Hexe gehört, welcher zur Mutter. In den hellen, grellen, kreischenden, gellenden Stimmen sind wir sehr nahe beim I, im U ist Geborgenheit, wir kommen nach unten.

In den von ILSE MIDDENDORF gefundenen Atembewegungsräumen wird uns leibbewußt, welcher Körperraum beim Tönen eines bestimmten Vokals durch die Atembewegung angeregt wird. Diese Entdeckung ermöglicht es uns, die astrologischen Prinzipien auch in den einzelnen Vokalen zu erleben.

Mit dem Tönen von Vokalen ist nicht in erster Linie Singen gemeint. Beim Einatmen tönen wir den Vokal still in uns, beim Ausatmen lassen wir ihn Ton werden, gerade so, wie er eben entstehen will. D.h. wir lassen den Atem zu, lassen den Atem bestimmen. Dieses Zulassen ermöglicht die Verbindung mit unserer Tiefe. Das Entstehen von Atembewegungs-Räumen entspricht eher dem weiblichen Prinzip.

Eine kurze Übersicht, die zum Tönen der Vokale und Finden der Vokalräume und ihrer Archetypen anregen soll:

U	Krebs – Mond
E	Zwillinge/Schütze – Merkur, Jupiter
I	Steinbock – Saturn
O	Löwe – Sonne
Ä	Widder – Mars
Ö	Fische – Neptun
Ü	Skorpion – Pluto
A	Löwe – Sonne, All – Kosmos, Raum

Die Vokale lassen sich kombinieren. So können wir z.B. die Achse IC – MC mit U – I erfahren und gestalten.

Bei den Konsonanten lassen sich ebenfalls Zuordnungen finden.

Sie wirken anders auf den Leib als die Vokale. Es sind Anschläge, Zentrierungen, Antriebe oder Verbindungen innerhalb der Körperwände. Sie sind eher dem männlichen Prinzip zuzuordnen. Wir können sie mit etwas längerem Üben ebenfalls im Körper lokalisieren. Die Zuordnung zu den Prinzipien gestaltet sich vielfältiger:

F	Mars – Uranus
L	Jupiter – Neptun
M	Venus – Sonne
N	Mond – Mars – Saturn
W	Saturn – Mond
B	Mond – Venus – Sonne
G	Mond – Mars – Sonne
S	Mars – Pluto – Uranus
Z	Saturn – Mars – Uranus
P,T,K	Mars – Merkur
R	Mars
J	Uranus – Mars
H	Neptun

Die dabei entstehenden Räume lassen sich ebenfalls gestalten.

Im Folgenden sind einige Bilder abgedruckt, die nach der Arbeit mit Vokalen entstanden.

U

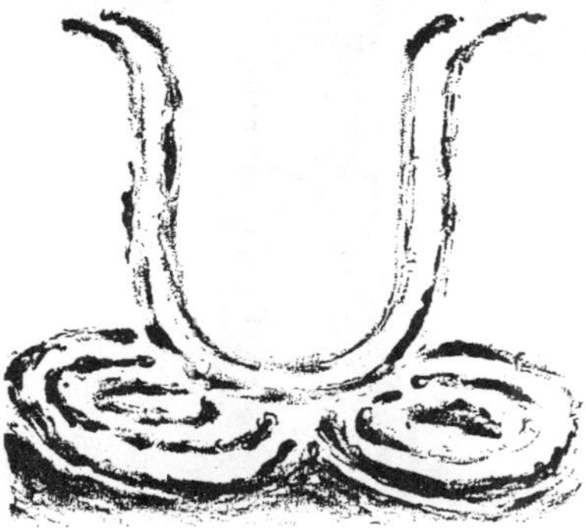

E

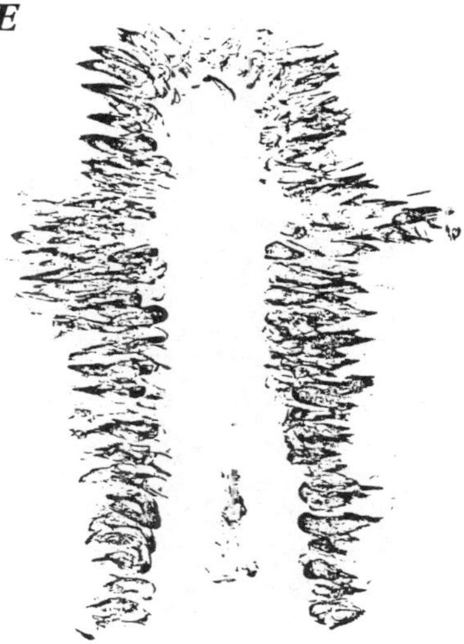

I

O

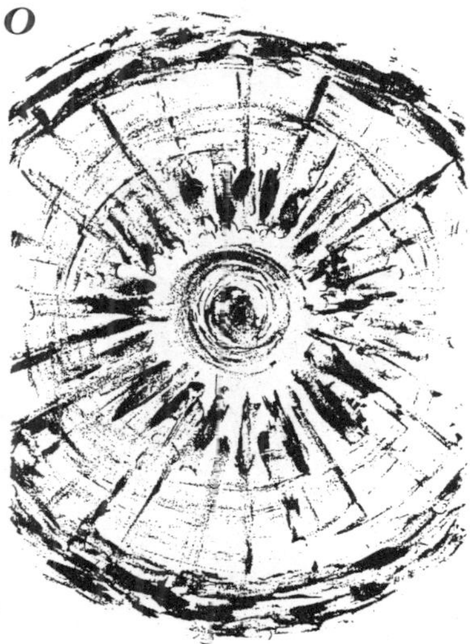

A

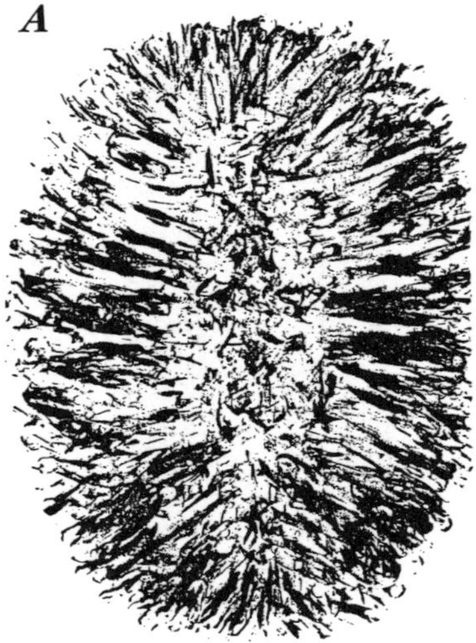

Ä

Ö

Ü

Musikstücke

Viele klassische und moderne Musikstücke sind ganz oder teilweise Abbilder der einzelnen astrologischen Prinzipien. Z.B.:

„Le Sacré du Printemps" von Igor Stravinsky	als Mars - Musik
„Drums of passion" von Michael Olatunji	als Mond/Erde/Mars-Musik
Zwischenspiel für Flöte und Harfe von Jaques Ibert	als Merkur/Venus-Musik
Konzert für Piccolo-Flöte C-Dur Antonio Vivaldi	als Merkur-Musik
„Ça sera moi" von Mama Mussuri	als Mond-Musik
Sonnenhymmnus aus der Oper Iris von Pietro Mascani	als Sonnen-Musik
„Die Moldau" von Smetana	als Merkur-Musik
„Chartres" von Paul Giger	als Pluto-Musik
Gregorianische Gesänge Benediktiner-Abtei Solesmes	als Neptun-Musik
„Klezmer" Giora Feildmann	als Venus-Musik
„La douce dame jolie" Musique des Trouvères et Troubadours	als Uranus-Musik

Auch die einzelnen Musikinstrumente spiegeln die Prinzipien. Blechinstrumente z.B. entsprechen Mars-Saturn, Holzinstrumente Venus-Mond, Streichinstrumente Sonne-Mond.

Natur-Geräuschaufnahmen können ebenfalls unsere Vorstellungen und Gefühle anregen, können uns auf die Prinzipien einstimmen. Z.B.:

Brandung, Meer	Mond – Neptun
Donner, Blitz	Mars – Uranus

Das Ritual

– Sinn und Zweck des Rituals

Schon in den ältesten Kulturen kennen wir Rituale oder zumindest rituelle Handlungen oder Bräuche. Wir brauchen sie zum Leben. Interessant ist, daß sich Riten und Bräuche auch dann noch halten, wenn sich die Inhalte wandeln oder verrlieren. So übernahm das Christentum heidnische Bräuche, da sie nicht wegzudenken waren aus dem Alltag der Menschen, z.B. Fasnacht, Sonnenwendfeiern... Aber auch die grundlegenden Ereignisse wie Geburt und Tod, Freude und Trauer, Sieg und Niederlage, Fruchtbarkeit und Dürre sind von Bräuchen und Ritualen umgeben, die die Sehnsucht der Menschen verdeutlichen, in der Einheit mit der Ordnung des ganzen Kosmos Sicherheit und Wohlbehagen zu finden. Besonders wichtig waren die REGELMÄSSIG wiederkehrenden Ereignisse, wie z.B. die Wiederkehr der Jahreszeiten. Wurden und werden solche traditionellen Bräuche aufgegeben, entstanden und entstehen neue. Von der Stammtischrunde bis zur Tagesschau und all den Mutter-, Vater-, Weltspar- und sonstigen Tagen.

Das Ritual ist also eine regelmässig vollzogene Handlung. Außerdem verwandelt sich in ihm eine an und für sich profane Tätigkeit, die zu den unabänderlichen Erfordernissen unseres Lebens gehört, zu etwas Besonderem. So hebt das Ritual auch eine ganz bestimmte Zeitspanne aus unserem Leben hervor, grenzt sie ab. Es ist der Versuch, die ewig, automatisch laufende Zeit anzuhalten. Zeit entstand, als wir uns aus dem ewigen Kreis, aus dem All-Einen heraus lösten, als Bewegung entstand (Siehe 'Die Planeten-Symbole', Seite 23). Diese Bewegung ordnend zu bewältigen, ist Sinn der Zeitstrukturierung. So entstanden alle weiteren Bewegungsformen wie Spirale, Ellipse, Linie und Kreuz. Wir zerteilen aber die Zeit in unserem Denken in zerrinnende Teile, deswegen haben wir keine Zeit mehr. Im Ritual teilen wir uns eine Zeitspanne zu. „Vergangenheit und Zukunft werden miteinander versöhnt in der Erhöhung des Jetzt. Ewigkeit wird Gegenwart. Es wird Leere gewonnen, die feste Leere eines fassenden und fügenden Gefäßes." (R.W.Fischer: Vom guten Gebrauch des Leibes, S. 433)

Im Ritual wird zudem der Raum begrenzt. Aus dem Chaos der Bewegung geht es wieder zurück in den Kreis oder in einen begrenzten Raum (Quadrat, Rechteck, Drei- und Vielecke). Der Raum wird zum Zentrum, zum heiligen Bezirk oder Ort, in dem wir das Jetzt erleben können.

Zu einem Ritual gehören also die regelmäßige Wiederkehr von profanen, symbolisierten Handlungen in genau bestimmten Bewegungen, in einer exakt festgelegten Zeitspanne, innerhalb eines abgegrenzten Raumes mit und in den uns bekannten archetypischen Urformen.

Hier zwei Beispiele, wie hilfreich Rituale in der erfahrbaren Astrologie sein können:

– Ein Mondritual

Im zweiten Hinterhof einer Berliner Fabrik haben wir uns für ein Wochenende zu einer astrologischen Gruppenarbeit getroffen. Das Thema war „Zenith-Berufung". Ich frage die Teilnehmerinnen, ob sie zum Abschluß und zur Integration dem Mondprinzip, also dem Gegenpol zum MC, näher kommen möchten. Der Mondgong steht im Süden des Raumes. Ein Teil des Raumes haben wir zum rituellen Raum erklärt und als „heiligen Bezirk" abgegrenzt.

Im Laufe des Wochenendes haben wir Schmerzen, Trauer, Spaß und Freude erlebt, mache Erkenntnis gehabt. Jetzt biete ich den Teilnehmerinnen an, all das für die Dauer des Rituals dem Mondgong anzuvertrauen. So können wir uns später ganz frei dem Archetypus der Großen Mutter hingeben. Jede nimmt ihre kreative Arbeit, ruft den Gong mit einem Schlag an und legt die Arbeit symbolisch hinter den Gong. Das dauert eine ganze Zeit. Jede geht ruhig und schweigend vom eigenen Platz zum Gong. Die Atmosphäre wird dadurch sehr dicht, von jeder Teilnehmerin durch ihren Gongschlag aufgeladen.

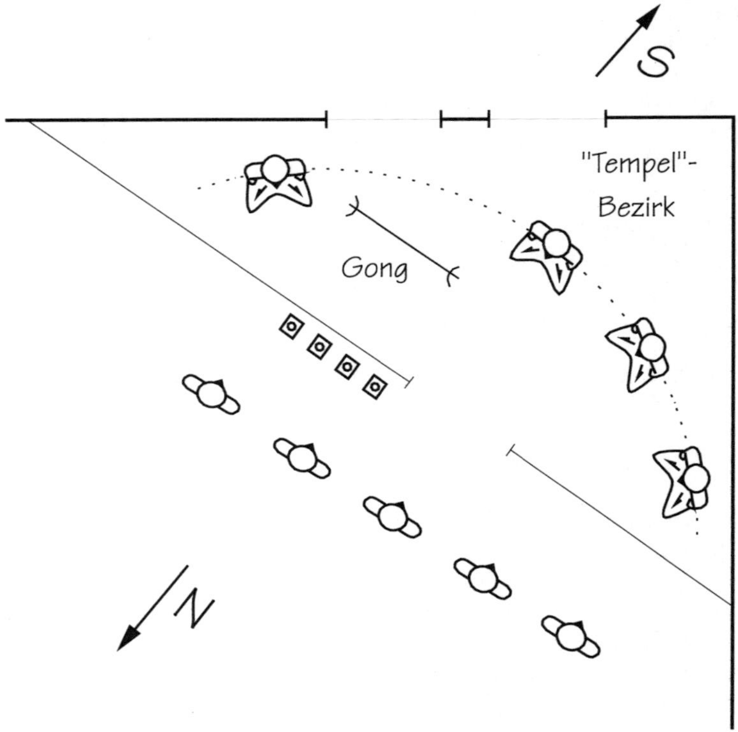

Im Folgenden geht es darum, einer anderen den Kopf in den Schoß zu legen. Symbolisch wird also das Oben (Zenith, MC, 10. Haus) in das Unten (Himmelstiefe, IC, 4. Haus) gelegt, um es zusammenzuführen, zu heilen.

Die Gruppe teilt sich also in „Priesterinnen" und Teilnehmerinnen. Die Priesterinnen werden Mond, stellen sich mit ihrem Schoß zur Verfügung, legen als Zeichen der Wandlung von der normalen Person zur Priesterinnenrolle ihr Horoskop ab, wenn sie den „Tempelbezirk" betreten. Sie setzen sich im Schneidersitz mit dem Rücken zur Wand, im Halbkreis hin. (Um den überpersönlichen Charakter ihrer Priesterinnenrolle zu verdeutlichen, können sie sich zusätzlich ein Tuch oder eine Maske über das Gesicht legen.)

Bald traut sich die erste, überschreitet die Grenze und tritt vor eine Priesterin. Sie legt ihr den Kopf in den Schoß. Die Priesterin legt ihr ihre Hände um den Kopf, hält ihn. Beide machen es sich bequem. Nach und nach kommen die anderen Teilnehmerinnen. Die Stille ist zum Durchschneiden, die Zeit angehalten. Nach einer kleinen Ewigkeit lösen sich die ersten, bedanken sich durch eine Verbeugung, verlassen den „Tempelbezirk" und spüren nach. Zum Abschluß schlägt jede noch einmal den Gong, nimmt symbolisch für ihre „persönlichen Dinge" die Zeichnungen und Tonfiguren wieder an sich und verläßt den Raum. Unsere Arbeit ist zu Ende.

– Ein Abschlußritual „Labyrinth-Gang"

Als Abschluß von einem 10-tägigen Kurs auf der Insel Ikaria in Griechenland (siehe Erfahrungen in der Natur, Seite 123), wählen wir als Symbole die Spirale und die Früchte der dortigen Natur. In der Kreismitte haben wir alle kreativen Arbeiten des Kurses zusammengetragen. Er ist zum Kraftplatz geworden. Wir verabschieden uns voneinander und von der Insel mit ihren Gaben: Mit Wasser von der unsterblichen Quelle, mit frischen Weintrauben, Honig, Salbei-Rauch, frischen Basilikumblättern und einem Granatapfel.

Die Gruppe sitzt im Kreis, die Gesichter nach außen gewandt. Von dort dreht sich jede von außen links herum der Kreismitte zu, symbolisch für den zurückgelegten Weg zu sich selbst. Alle kosten und verabschieden sich von allem. Dann verläßt eine nach der anderen den Kreis. Sie kreisen als rechtsdrehende Spirale, immer schneller werdend, zur Türe des Raumes hinaus.

Hier der Bericht von Andreas:

„Ich gehe linkswendig
durch die Zeichen und Wunder
meines Lebenskreises
zum Kraftplatz
hier
und
jetzt

lege die enge Brille ab
wasche die alte Scheiße ab die Anhänglichkeit
nehme mit letzten Tropfen und Tränen
Abschied vom Haus, vom Hexenhäuschen
dem schönsten am Ort
und vom eigenen Schneckenhaus
Die alten kaputten Knochen
bleiben hier

Netze die Augen
daß sie klar sehen
was jetzt zu tun ist
was zu lassen ist

So kugelrund wie der Granatapfel
soll meine Liebe sein
ohne Anhänglichkeit ohne Löwenjagd
einfach und rund und schön
mit der Krone der Souveränität

Basilikum - Marskraft in der Nase
Seit den Höhlentönen aus dem
röhrenden Rüssel
bin ich ein ungewöhnlicher Elefant
mit fliegendem Teppich
auf dem Rücken
mit vier Säulen auf der Erde
Dem Löwen mache ich nichts streitig
Steinbock und Löwe
liegen lammfromm nebeneinander
im Reich der Tiere ist Platz für alle
Schluß also mit dem Löwenreizen mit der Angst-
faust im Nacken
mit dem Löwenweichen
Ich setzte meinen Mars ein
die Hintergründe zu durchleuchten
die Kulissen zu entlarven
mit klarer Sprache auszudrücken

Von euch Weintrauben esse ich
gerne und viele
Weintrauben für meinen Glauben
daß die Wahrheit aus dem Wein
Trinken steigt nicht Nebel
Wein der Wahrheit reiner Wein
und Wein der Freude

Und du bienenfleißig zusammen-
getragene geflogene Süße
dich will ich lecken
Ich wünsch mir von dir
das Recht aufs Vergnügen
und auf
zugestandene erstandene Lust

So nehme ich rechtswendig
Abschied für meinen Flug
Einen Flug aus Mut
ohne die Fallsucht des Unmuts
ohne die Überfall- und Unfall-
und Gefallsucht
des Übermuts
Einen mutigen Flug wünsch ich Dir,
Ikarus, Sonnenerfahrender

Laß im Tausch meine Erwartungen
hier nehme meine Erfahrungen
mit
darunter die Schönen guten
schmerzlichen Begegnungen mit
den Elementen und Planeten-
Kräften
Mein (Sternbild) Schwan sticht in See

Aus der Werkstatt

Fallbeispiele und Erlebnisberichte

– Migräne, eine Arbeit mit dem Mondprinzip

Manuel, ein 42-jähriger Mann, der an starker Migräne leidet, erfährt in einer Körperarbeit wieder einmal, daß sich seine ganze Spannung im Kopf staut. Ihm wird angeboten, seinen Kopf in einer Mondarbeit auf den Boden zu legen, um einen besseren Kontakt zur Mutter Erde zu finden.

Er hört zunächst Mond-Musik, bewegt sich mit ihr, versucht, ganz Mond zu sein.

Er berichtet:

„Ich habe Kopfschmerzen und liege bäuchlings auf dem Boden. Mein Kopf liegt auf einem Polster. Presse ich (Saturn) die Wange gegen das Polster, sodaß ich den harten Boden spüre (Jungfrau-Mond im 4. Haus), verschwinden die Kopfschmerzen (Sonne in Konjunktion mit Merkur, Venus, Mars, am Talpunkt des 10. Hauses). Löse ich mein Gesicht vom Boden (IC) und hebe meinen Kopf leicht, treten die Schmerzen wieder ein.

Ich habe währenddessen folgende Bilder:

Ich sehe leicht gekräuseltes, vom Mond beschienenes, schwärzlichblaues Wasser. Es fühlt sich metallen - kalt an. Ich lege mein Gesicht an den Meeresgrund und hebe es aus dem Wasser. Dieses mehrmals im Wechsel. Sobald ich den Kopf über Wasser halte, erblicke ich den Mond. Er ist fahlgelb und wirkt auf mich kalt und höhnisch wie das Wasser.

Es überkommt mich ein Gefühl der Einsamkeit (Saturn). Es ist Ruhe ringsum. Ich fühle, daß Menschen in der Nähe sind (4. Haus), sehe sie aber nicht. Es ist Nacht. Diese nicht sichtbaren Menschen sind kalt und abweisend wie der Mond. Sie sind teilnahmslos, desinteressiert. Ich hätte gerne Anteilnahme. Eine tiefe Trauer ist in mir.“

Im Horoskop liest sich das folgendermaßen:

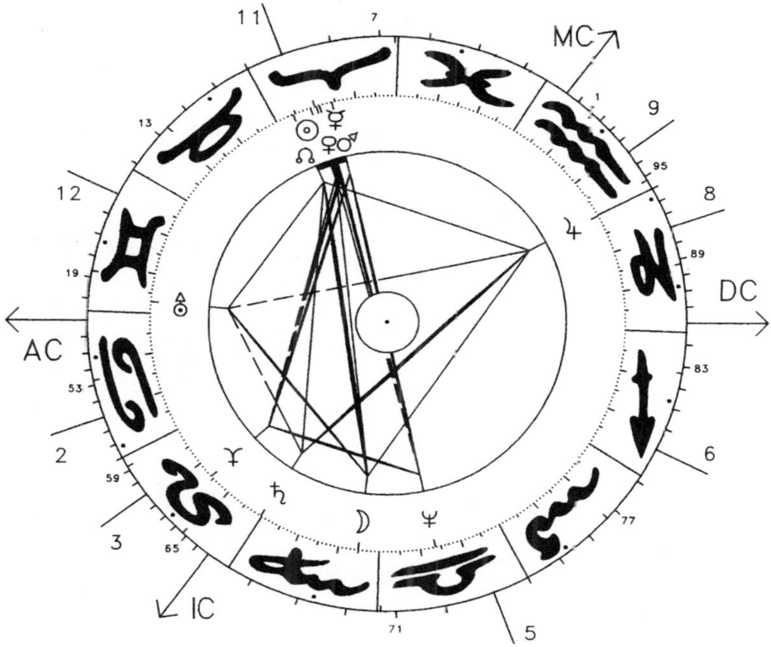

Horoskop Manuel

Mond auf der Achse 4/10 ist gereizt (Quincunx). Manuels Bild, „Nicht sichtbare Menschen, kalt, teilnahmslos, desinteressiert", entspricht Saturn am IC und dem Steinbock-Deszendenten. Neptun in der Waage im 4. Haus möchte Anteilnahme von der Gruppe. Mond äußert sich traurig und depressiv, da er in einem eingeschlossenen Zeichen und in der Nähe zum Talpunkt steht.

Der Kopfschmerz wird im Kontakt mit dem nun gelebten Prinzip (Mond in der Jungfrau im 4. Haus) unnötig. (Manuel legt seinen Kopf auf die Erde). Die geballte Energie (Sonne in Konjunktion mit Merkur, Venus, Mars, im eingeschlossenen Widder am Talpunkt des 10. Hauses) kann sich entspannen und erden. Manuel hat den Kontakt zum verdrängten Mond gefunden.

Danksagung

Ohne die gründliche, inhaltliche und formale Überarbeitung des Manuskriptes durch meine Kollegin Petra Niehaus wäre wohl dieses Buch nicht zu Ende geführt worden, ihr sei vor allen gedankt.

Jorgos Canacakis danke ich für seine sprühenden Ideen und die fruchtbare Zusammenarbeit, während der vieles aus diesem Buch entstanden ist.

Auch meinem Freund und Kollegen Tilmann Moser danke ich für seine klare Kritik, die mich auf den Boden gestellt hat.

Den vielen Teilnehmerinnen meiner Kurse danke ich für ihre Bereitschaft, sich auf die neuen Wege, Astrologie zu lernen, einzulassen. Durch ihre Mitarbeit haben die Übungen, wie ich sie in diesem Buch vorstelle, ihre Form gefunden.

Ich danke Regula Bachmann, Christine Doerfel, Günther Michael Doliwa, Oskar Graumann, Barbara Jung, Rita Maeder, Ulli Marx, Brigitte Reuter, Renit Rinke, Hildegard Schuster und Verena Specker, die an diesem Buch durch ihre Erfahrungsberichte mitgearbeitet haben.

Johannes Normann, der den Satz und die Grafiken erstellt hat, danke ich für seine Genauigkeit, seine Ausdauer und seine ruhige Art, die mir gut tat.

Angelika Link danke ich für die vielen aussagekräftigen Zeichnungen und ihr Engagement und Feingefühl bei der Umschlaggestaltung.

Meiner Frau und Geliebten Gesine Bischof-Sarrazin danke ich für ihr geduldiges Korrekturlesen, für die vielen inspirierenden Gespräche und Ermunterungen auf dem langen Weg der Entstehung dieses Manuskriptes.

Anhang

Der Urtierkreis

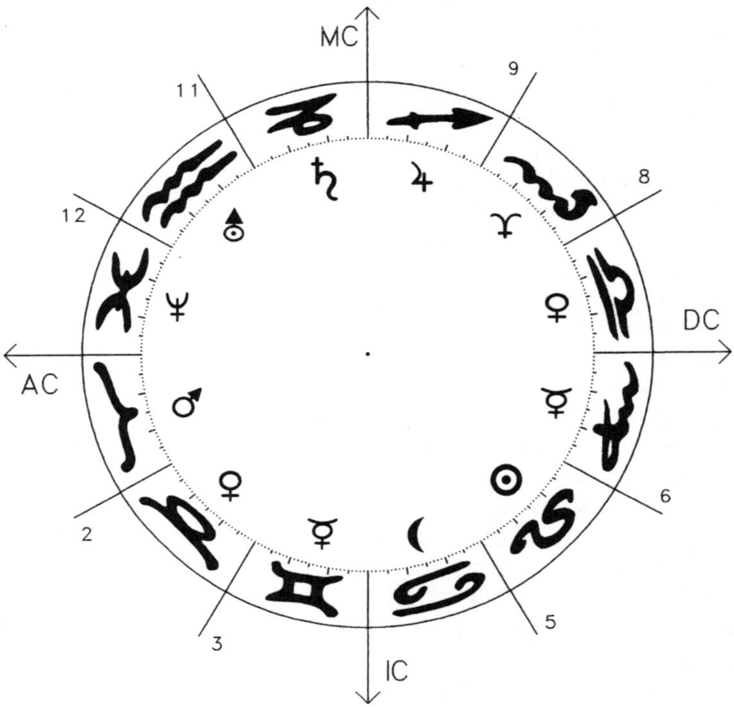

Erklärungsblätter

Psychologische Astrologie

D I E   T I E R K R E I S Z E I C H E N

symbolisieren die Vielfalt der Qualitäten menschlicher Anlagen.

♈

♂

W I D D E R — *21.März–21.April*
Kreuz: Kardinal — *Temperament: Feuer*

Durchsetzungskraft und Ich-Entfaltung. Das Impuls-Prinzip, Stoßkraft, Willen, Pioniergeist, körperliche Spannung (manisch) Dynamik: die Richtung ist wichtiger als das Ziel, die Aktivität wichtiger als der Sinn. Extraversion, Kampf, Umsetzung von Energie in Arbeit. Die INTUITION und das Denken dominieren.

♉

♀

S T I E R — *22.April–21.Mai*
Kreuz: Fix — *Temperament: Erde*

Standfestigkeit, Beharrlichkeit, Wunschnatur, aufnehmen, sammeln, bewahren, verteidigen (paranoid), Substanz schaffen, Besitz, Potenz, Perfektion, Sicherheit, Gutmütigkeit, Langmut. Gesetz der Verwertung. Dynamik: langsame Verdichtung bis zur plötzlichen Explosion bzw. Erkenntnis. Trägheit, Unbeweglichkeit. Die EMPFINDUNG und das Gefühl dominieren.

Z W I L L I N G E *22.Mai–21.Juni*
Kreuz: Veränderlich *Temperament: Luft*

Bewegung, Kommunikation, Lernen, Begreifen der objektiven Welt, Kennenlernen der Menschen, Austausch und Vermittlung von Information, Gewandtheit, Anpassung, Opportunismus. Dynamik: aufnehmen, kombinieren und weitergeben. Nervliche Spannung (epileptoid), Ablenkung, Vielfältigkeit. Das DENKEN (der Intellekt) und die Intuition dominieren.

K R E B S *22.Juni–22.Juli*
Kreuz: Kardinal *Temperament: Wasser*

Lösung im Kontakt mit der Kraft der Quelle, der Wurzel und der Natur. Kollektiv, Gruppe und Familie. Gesetz des Rhythmus bzw. des Wechsels der Gefühle, Empfindsamkeit, Eindruck und Reflexion aller Bilder, aufnehmen, Beeinflussbarkeit und Weltflucht, bergen und vereinnahmen. Wärme und Geborgenheit, Unterspannung (depressiv). Das FÜHLEN und die Empfindung dominieren.

♌ ☉

L Ö W E — *23.Juli–22.August*
Kreuz: Fix — *Temperament: Feuer*

Selbstausdruck, Selbstdarstellung, Ausstrahlung, Kraft und Wärme, Macht und Einfluss im Außen erproben, Mut und Risiko, Selbstüberschätzung und Minderwertigkeitsgefühl. Dynamik: Kraft zur Mitte, hin zum Kern, Konzentration (kataton) Identifikation mit einer Rolle bis hin zur Aufgabe des eigenen Selbst, Imponiergehabe. Die INTUITION und das Denken dominieren.

♍ ☿

J U N G F R A U — *23.Aug.–22.Sept.*
Kreuz: Veränderlich — *Temperament: Erde*

Dem Wesen der Dinge und Menschen geduldig dienen, Selbstverneinung und Entmutigung, Reinigung und Reifung, Analyse und Kritik an Ordnung und Form, pflegen und hegen, Exaktheit und Abgrenzung, Existenzbewältigung und -ängste (hysteroid). Suche nach dem Sinn und eigenen Platz in der (Arbeits-) Welt. Verantwortung übernehmen, warten auf die Ernte, Fehlendes ergänzen. Die EMPFINDUNG und das Fühlen dominieren.

W A A G E — *3.Sept.–23.Oktober*
Kreuz: Kardinal — *Temperament: Luft*

♀

Suche nach Ausgleich, Friede, Harmonie. Bequemlichkeit, Gerechtigkeit und Gleichgewicht (manisch), Kompromisse, Konfliktvermeidung, Entschlußlosigkeit, Wegfindung, Partnersuche und -findung, Du-Abhängigkeit und Ausnützung, Du-Erkenntnis und Begegnung. Das DENKEN und die Intuition dominieren.

S K O R P I O N — *4.Okt.–22.November*
Kreuz: Fix — *Temperament: Wasser*

♇

Krise, Wandlung, Geburt, Tod, Hingabe an die Gesetzmäßigkeiten des Lebens, ständiges Zerstören und Erschaffen der Form. Dynamik: schnelles, plötzliches Ansteigen der Energie mit Explosion und Auflösung. Sexualität, Sinnlichkeit und Askese, Begrenztheit des Ego, Teilhabe und Identifikation mit allen Gefühlen und Dingen dieser Welt bis zum Exzess (paranoid), schmerzhafte Verluste, plötzliche Gewinne, Finden des Maßes. Prozess der ständigen Wandlung (Metamorphose). Das FÜHLEN und das Empfinden dominieren.

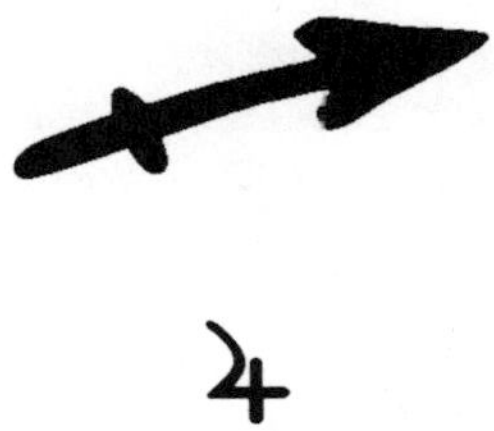

S C H Ü T Z E — 23.Nov.–21.Dez.
Kreuz: Veränderlich — Temperament: Feuer

Das eigenständige, überpersönliche Denken, Orientierung, zielbewußtes Leben, Konzentration, Suche nach Erkenntnis und Wahrheit, Schaffung von neuen geistigen Weltbildern, Demagogie, Expansion, Erweiterung der Grenzen der Gesellschaft, Veränderung und Abwechslung. Dynamik: plötzliche Erkenntnis des Zieles schafft Spannung und Bewegung zwischen dem absoluten Ziel und dem Ist-Zustand (epileptoid). Finden des Weges. Die INTUITION und das Denken dominieren.

S T E I N B O C K — 22.Dez.–20.Januar
Kreuz: Kardinal — Temperament: Erde

Macht und Autorität durch Willenskraft, Festigung des Gewordenen, Härte, Widerstandskraft, Essenzbildung, Ehrgeiz, Triumph über das Erreichte, Sorgfalt und Vorsicht, Planung, Zähigkeit und Durchhaltewillen, Selbstkontrolle, Gefühlskälte, -überflutung. Suche nach Bestätigung von außen, Leistung ersetzt Selbstbewußtsein (depressiv), geistige Konzentration in der Meditation, Individuation und Einswerdung, Einsamkeit und Demut. Die EMPFINDUNG und das Gefühl dominieren.

WASSERMANN — *21.Jan.–18.Feb.*
Kreuz: Fix — *Temperament: Luft*

Synthese, Verbindung von Innen und Aussen, Sinn, Rhythmus der Lebensprozesse, Vereinigung von Intuition und akademischem Wissen, mentale Analyse, Unterscheidungsfähigkeit, Idealisierung, Weltverbesserung, „Heiligkeit", Moralisieren, Teilnahme am Leben, Kontakt zur Gruppe, Vereinsamung, Erfindergeist, unorthodoxe Methoden, Vision, Realitätsbewußtsein. Dynamik: Verbinden, bei Wahrung der eigenen Identität und persönlichen Freiheit. Das DENKEN und die Intuition dominieren.

F I S C H E — *9.Februar–21.März*
Kreuz: Veränderlich — *Temperam.: Wasser*

Gefühlsbewegung, Sensitivität, Einfühlungsvermögen, Identifikation und Hingabe, Selbstaufgabe, Sehnsucht nach Vereinigung, Todeswunsch, Entgrenzung, Berührung von Mensch und Kosmos (Gott), Loslösung, Transzendenz, Aufopferung, Flucht vor Verantwortung, Angst vor der Auflösung (hysteroid), Vision und Traum, Irrealität, Konfliktvermeidung, Heimatlosigkeit, Unverstandensein in dieser Welt, Leiden an der Realität, Mystik. Das FÜHLEN und die Empfindung dominieren.

DIE KREUZE

symbolisieren die Dynamik des dreistufigen Entwicklungsprozesses und sind grundlegende Motivation

Das KARDINALE	*Prinzip:*	*Der Impuls* *Beherrschung, Leistung, Aggression, Kraftentfaltung*
Das FIXE	*Prinzip:*	*Die Beharrung* *Absicherung, Pflege, Besitz, Blockierung, Gesundheit*
Das VERÄNDERLICHE	*Prinzip:*	*Der Rhythmus* *Kontakt, Veränderung, Euphorie, Flucht, Genuß und Intelligenz*

DIE TEMPERAMENTE

symbolisieren das menschliche Verhalten

FEUER *(rot)*	*cholerisch* *extravertiert, impulsiv, fordernd, mitreißend* *Kraft*
ERDE *(grün)*	*melancholisch* *introvertiert, empfindsam, engagiert* *Besitz*
LUFT *(gelb)*	*sanguinisch* *extravertiert, freudig-aktiv, vermittelnd, unverbindlich* *Austausch*
WASSER *(blau)*	*phlegmatisch* *introvertiert, passiv-erduldsam, gefühls-intensiv, anhänglich* *Anpassung*

DIE PLANETEN

symbolisieren die menschlichen Funktions- oder Lebensorgane

☉

Die Sonne

symbolisiert die Identität, die Individualität, den Wesenskern, die Mentalität, das Zentrum, die Mitte, das Selbstbewußtsein, den Vitalfundus der Lebensenergie, willensmäßige Energiesteuerung, Geist, Vater, Ich-Sinn

☽

Der Mond

symbolisiert das Fühlen, den Kontaktwunsch, die Fähigkeit zur Emotionalität und zum Wohlbefinden, Regeneration, Weiblichkeit, Sensitivität, Mitschwingen, Seele, Kind, Du--Sinn

♄

Der Saturn

entspricht der Körperlichkeit und Empfindung. Er beinhaltet die Fähigkeit zur Unterscheidung, Abgrenzung, der Kontraktion zum Schutz, das Bedürfnis nach Sicherheit und Ruhe, Körper, Mutter (im versorgenden Sinn), Es (Objekt)-Sinn

Der Merkur

☿

des Zwilling: ist die Fähigkeit zur gedanklichen Kombinatorik, das Lernvermögen, das Informationsbedürfnis, der Wissensdrang und die Wissensvermittlung in Worten und Gestik, die Bewegungs- und Ausdrucksfähigkeit. der Jungfrau: bedeutet das Unterscheidungsvermögen, das analytische Denken, das Erkennen und Festhalten der Essenz aller Dinge in Wort, Begriff und im Tun

Die Venus

♀

des Stier: das Vermögen zur Assimilation, zur Abgrenzung, zum Genuß, Sicherheit schaffen können, die weibliche Libido. der Waage: das Finden der Harmonie, des Ausgleichs und der Ästhetik, die Fähigkeit zur Perfektion und zur Auslese, zur Kreativität, zur erotischen Anziehung des Du

Der Mars

♂

bedeutet die Antriebskraft, die Fähigkeit, Energie in Leistung bzw. Arbeit umzuwandeln, die Fähigkeit, nach Außen zu gehen und sich in eine Richtung zu bewegen, Durchsetzungsvermögen, Initiative, Trieb, die männliche Libido

Der Jupiter

entspricht den Sinnesfunktionen, der Freude und dem daraus entstehenden Wert und Urteilsvermögen, der Bildungsfähigkeit, der Fähigkeit der Sinnfindung, der Toleranz und Weitung

Der Uranus

die Fähigkeit der Intuition, der schöpferischen Intelligenz, der Spontanität, der Findung der Unabhängigkeit und Freiheit, Erfindung von Neuem, Auslösungsvermögen

Der Neptun

symbolisiert die Fähigkeit zur Identifikation und überpersönlichen Menschenliebe, das Hingabevermögen, das Mitleiden, soziales Verständnis, Idealismus, Helferwille, Ahnungsvermögen, Fähigkeit zur Vision, Illusion und (Selbst-) Täuschung, Bewußtseinserweiterung, Transzendenz

Der Pluto

symbolisiert unsere Wandlungsfähigkeit hin zum höheren Selbst (Vater-Imago), Metamorphose, Umbruch und Katharsis, Ekstase, eigener geistiger Weg

Der nördliche Mondknoten

☊

ist kein Planet, sondern der Schnittpunkt des aufgehenden Mondes am Horizont. Er zeigt uns für jede Lebenssituation die Lösung, Richtung, ist Gegengewicht zum ganzen Horoskop und Kontaktmöglichkeit zur persönlichen Entwicklung, eine permanente Gelegenheit zu einem Schritt nach vorne, Befreiung von Karma, von Determination, Zwängen und Normen.

DIE HÄUSER

symbolisieren die Qualitäten des Raumes, sie unterteilen den Innen- und Außenraum in Abschnitte, Körperräume und Lebensgebiete

1. Haus Ascendent (AC)	*spontane Selbstdarstellung, Image, der der Außenwelt zugewandte Teil des Selbst (Persona), der Ich-Raum, „links und hinten"*
2. Haus	*Besitz, Substanz und Energie, eigener Raum, Vorratsicherung, Talente, Selbstwert und Verteidigung*
3. Haus	*Bildung, Lernen, Sprechen, Gestik, Informieren, kollektive Denknormen, praktische Fähigkeiten, natürliche Kontakte, körperliche Bewegung + Tanz*
4. Haus Himmelstiefe (IC)	*das Kollektiv, die Gruppe, die Familie, Herkunft und Wurzeln, seelische Eigenart, Geborgenheit, Mutterbeziehung, Wertgefühl, Urvertrauen*
5. Haus	*Selbstdarstellung und Selbsterprobung, Experimente und Risiko, Spiele, schöpferische Kräfte, Selbstständigkeit*
6. Haus	*Existenzkampf, Leistungsbereitschaft, Arbeitswelt, psychosomatische Prozesse, Reinigung, Körperpflege, Dienen, Analyse, seelische Eigenart, sozialer Einsatz*
7.Haus Descendent (DC)	*Kontaktverhalten, Du-Streben, Anziehungskraft, Suche nach Ergänzung und Zusammenarbeit in Partnerschaft und Ehe, Bindungen, seelische und körperliche Ausstrahlung bzw. Anziehung, „rechts und vorne"*

8. Haus	*Gesetze des Lebens, Gesellschaftsnormen, fremde Substanz, Sterbe- und Werdeprozesse, Krisen, Leitbilder*
9. Haus	*eigenes selbständiges Denken, Weltanschauung, Suche nach Sinn Wahrheitsliebe und Toleranz, Orientierung, Reisen, Erweiterung des Horizontes*
10. Haus Himmelsmitte (MC)	*Individualisierung, Bewußtseinsfähigkeit, Berufung, Ehrgeiz und Dominanz, Karriere, Macht, Ziel, Führungsaufgaben, Verantwortungsfähigkeit, ÜberIch-Bereich, „oben"*
11. Haus	*Idealbild des Menschen, Ethik, Freunde, Gleichgesinnte, elitäres Denken, Moral*
12. Haus	*Rückzug, Isolation und Verinnerlichung, das Verborgene, die Ängste, Flucht in die Illusion, ins Irrationale, der Weg zum Überpersönlichen in die Transzendenz, Mystik und Esoterik, Reinigung, Buße und Sühne (Kloster, Gefängnis, Krankenhaus, Abgeschiedenheit)*

DIE ASPEKTE

sind bestimmte Winkel zwischen zwei Planeten und geben die dynamische Struktur der Psyche und ihrer Funktionen untereinander wieder. Sie entsprechen in ihrer Qualität allen überhaupt möglichen Beziehungsmustern (Arten des Kontaktes) zwischen zwei oder mehreren Menschen

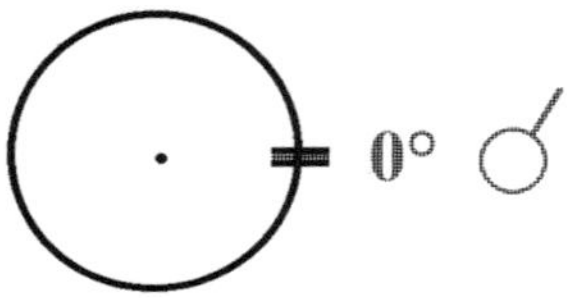

Die Konjunktion
(orange)

Symbiose, Vermischung

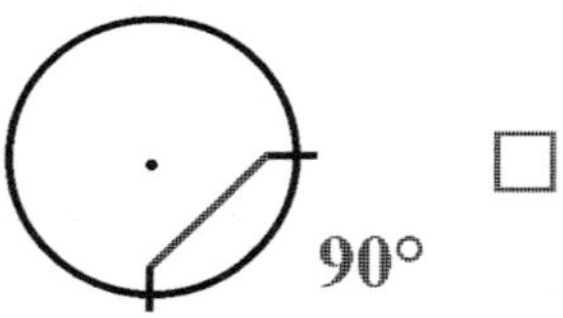

Das Quadrat (rot)

Energiefluß, Spannungsentladung, Kraft, Leistung, Stress, Aggressionsneigung, Bewegung

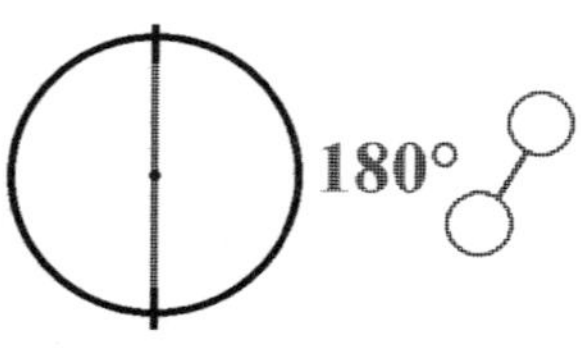

Die Opposition (rot)

Energiesperre, Spannung, Druck, Starre, Bewußtwerdung

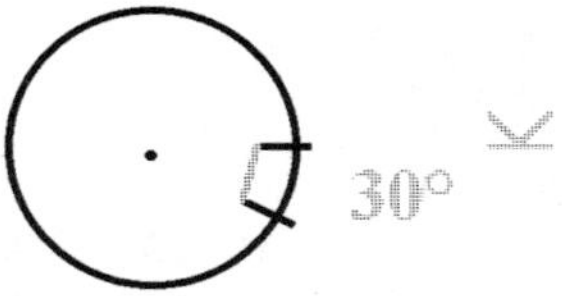

D a s   H a l b s e x t i l   (grün)

kleiner Anstoß, Wink, Denkschritt, Sachlichkeit oder Desinteresse

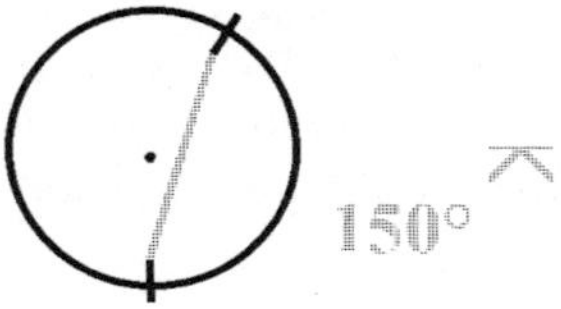

D a s   Q u i n c u n x   (grün)

Erkenntnis, Herausforderung, Frage, Reiz, großer Denkschritt, Sehnsucht, Wunsch, Hoffnung, Projektionsneigung

---

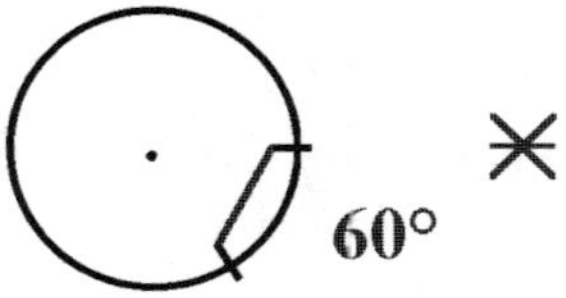

D a s   S e x t i l   (blau)

Wachstum, Assimilation, Harmonie, Konflikt-Angst, Kompromiss-Neigung

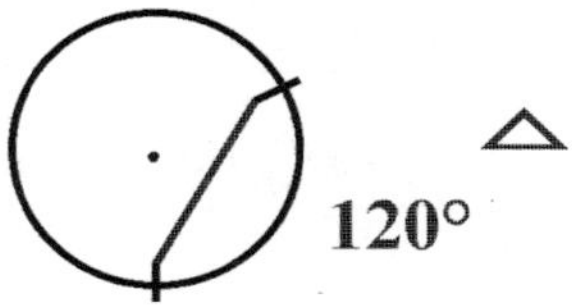

D a s   T r i g o n   (blau)

Talent, Fluß, Fülle, Frucht, Perfektionierung, sinnliche Freude, Genuß oder Suchtneigung

DER TALPUNKT UND DER INVERTPUNKT

unterteilen jedes Haus in drei Bereiche. Der kardinale Bereich geht von der Häuserspitze bis zum Invertpunkt. Der fixe Bereich geht vom Invertpunkt bis zum Talpunkt. Der veränderliche Bereich geht vom Talpunkt zur nächsten Häuserspitze. Planeten an der Häuserspitze wirken nach außen, Planeten am Invertpunkt sind ausgewogen in Bezug auf Ausdruck und Eindruck, Planeten am Talpunkt wirken nach innen.

Literatur: B. + L. Huber - Die astrologischen Häuser,
API-Verlag, CH-Adliswil

DER ALTERSPUNKT (AP)

ist eine „Häuserprogressions-Methode" und nimmt, beginnend beim Aszendenten, für jedes Haus 6 Lebensjahre. Der AP wandert so während des ganzen Lebens durch das Horoskop und wird wie ein Planet gedeutet. Er gibt Auskunft über die aktuellen Grundthemen, die momentan verstärkt ins Bewußtsein steigen.

Literatur: B. + L. Huber – Die Lebensuhr im Horoskop, Bd. 1/2,3;
API-Verlag, CH-Adliswil

Literaturverzeichnis

Alsterdorf, G. Astrologie und Ganzheitlichkeit, Astrologie Heute, Nr.16/88, 17/89, 18/89

Bischof, S./ Gore, R. Ein Weg, das Horoskop selbst zu gestalten, Astrolog, Nr.17/6

Castaneda, C. Reise nach Ixtlan, Fischer, Frankfurt a.M. 1975

Fischer, R.W. Vom guten Gebrauch des Leibes, Antaios Nr. IX 27, Klett, Stuttgart

Hafner-Kissling, M. Integrativ-kreative Astrologie, Astrologie Heute, Nr.7/87

Heimrath, J. Das Sonogramm der Persönlichkeit, Hugendubel, München 1989

Huwiler, F. Lebensbäume, Walter, Olten und Freiburg 1989

Jung, C.G. Der Mensch und seine Symbole, Walter, Olten und Freiburg 1980

Leonard, G. Der Rhythmus des Kosmos, Scherz, Bern und München 1983

Middendorf, I. Der erfahrbare Atem, Junfermann, Paderborn 1984

Riedel, I. Formen, Kreuz, Stuttgart 1985

Rosenberg, A. Kreuzmeditation-die Meditation des ganzen Menschen, Kösel, München 1976

Rudhyar, D. Die Magie der Töne, Scherz, Bern und München 1984

Schümann, G. Die Atemschriftzeichen, Florian Noetzel, Heinrichshofen Bücher, Wilhelmshaven, 1991

Wenn Du weiteres Interesse an dieser Art Astrologie zu lernen hast, gibt es bei mir folgende Möglichkeiten:

- Einführungsseminare
- Themenzentrierte Seminare
- Eine 3-jährige, berufsbegleitende Fortbildung zur/zum therapeutisch ausgerichteten Astrologin/en.

Meine Anschrift:

Stefan Bischof
Rotlaubstr. 3a
D-79106 Freiburg i. Br.
Tel. 0049 (0)7 61 28 32 95